Juega con tus hijos

Barcelona - México
Buenos Aires

Juega con tus hijos

Susan Benjamin

ROBIN BOOK
nuevos padres

© 2011, Ediciones Robinbook, s. l., Barcelona

Diseño de cubierta: Regina Richling
Fotografías de cubierta: © iStockphoto / Matka Wariatka
Diseño interior: Eva Alonso
ISBN: 978-84-9917-110-4
Depósito legal: B-16.372-2011

S.A. DE LITOGRAFIA, Ramón Casas, 2 esq. Torrent Vallmajor, 08911 Badalona (Barcelona)

Impreso en España - *Printed in Spain*

Sumario

Juegos para niños de 18 meses a 2 años

Sumario

Juegos para niños de 2 a 3 años

Juegos para niños de 3 a 4 años

Sumario

Introducción

Todo el mundo sabe que los niños se lo pasan en grande jugando, que nunca se cansan de jugar. Pero a veces se nos olvida que el juego desempeña un papel fundamental en su educación y desarrollo. En realidad, el juego es el método más adecuado, eficaz y divertido de que dispone un niño para descubrir el mundo que le rodea. Le permite interiorizar un gran número de conocimientos y experiencias y desarrollar su potencial al máximo. Por eso es tan importante enseñarle a jugar y dedicar tiempo a jugar con él.

Lógicamente, el tipo de juego variará en función de la edad y las necesidades del pequeño. Durante los primeros meses de vida predominará el juego motriz, con el que aprenderá a coordinar y controlar sus movimientos. Alrededor de los 18 - 24 meses aparecerá el juego simbólico, que exige mecanismos mentales más complejos tales como la abstracción, la representación y el simbolismo. Estas dos primeras etapas potencian su creatividad y su desarrollo social. Además sientan las bases para que alrededor de los tres o cuatro años el niño pueda pasar a juegos más complicados y sea capaz de aprender a leer y escribir o de hacer operaciones matemáticas, es decir, de desarrollarse como persona.

Queda claro pues que las actividades lúdicas son muy útiles para el aprendizaje del niño, pero además van forjando su personalidad y le ayudan a establecer lazos afectivos con la gente que le rodea. Así pues, a través del juego el niño aprende a relacionarse con los demás niños y también con los adultos, descubre las cosas que le gustan y las que no y empieza a entender las reglas sociales.

Pero el juego no es sólo una herramienta útil para tu hijo, sino que también lo es para ti como padre. Jugando con él, descubrirás sus necesidades intelectuales y afectivas, cómo reacciona ante las dificultades, qué cosas le asustan y cómo le gusta que le ayudes. Así pues, el tiempo que dediques a tu pequeño favorecerá la comunicación padre-hijo y repercutirá de forma positiva en vuestra relación interpersonal.

En definitiva, si educas a tus hijos de una forma divertida y agradable seguro que obtendrás mejores resultados que con otros métodos aparentemente más serios y eficaces. Y además te lo pasarás mucho mejor y hasta recuperarás un poco ese niño que todos llevamos dentro, aunque a veces muy escondido.

Este libro está dividido en varios grandes apartados relacionados con la edad del niño, es decir, con sus distintas etapas de desarrollo. Así el primer capítulo está dedicado a los niños de 6 a 18 meses, el segundo a los de 18 meses a 2 años, el tercero a los de 2 a 3 años, el cuarto a los de 3 a 4 años y el quinto a los de 4 a 6 años. Esta división nace de la creencia de que el juego debe adaptarse a las necesidades y capacidades de cada edad para que resulte realmente provechoso. No obstante, son sólo de tipo orientativo ya que lo apropiado o no que resulte un juego dependerá además de otros factores, como son la personalidad, la madurez y las preferencias de cada niño, de si hay hermanos mayores o menores en casa y de otras muchas circunstancias.

Confío en que el libro te sea útil y en que tanto tú como tus retoños lo paséis fenomenal poniéndolo en práctica.

JUEGOS PARA NIÑOS DE 6 A 18 MESES

1
¿Dónde está tu nariz?

Qué necesitas: nada

Características del juego:
- Es un juego de interior y exterior
- Es un juego de observación
- No ensucia

Número de participantes: un niño por adulto, para que éste pueda dedicarle toda su atención.

Duración: 5-10 minutos

Qué aprende y trabaja el niño:
Con este sencillo juego tu hijo aprende a asociar las partes del cuerpo con las palabras que las designan. Ten presente que a los niños pequeños les cuesta menos memorizar las palabras si las asocian con el objeto al que se refiere, en este caso una parte concreta del cuerpo. Cuando consiga repetir toda la secuencia sin cometer errores se sentirá muy orgulloso y ello aumentará su autoestima. Además, disfrutará de un rato de intimidad con papá o mamá de lo más divertido y relajado.

Explicación del juego:

Siéntate delante de tu pequeño o colócatelo sobre el regazo mirando hacia ti. Pregúntale: «¿Dónde tiene la nariz mi niño?». Las primeras veces, cógele la mano, llévasela hasta la nariz y di: «¡Aquí está la nariz de mi niño!». Repite la acción con otras partes de la cara: «¿Dónde tiene la boca, las orejas, la lengua, los ojos, el cuello mi niño?». Cuando acierte él solo apláudele o dile «fenomenal». Te dedicará una de sus mejores sonrisas.

Variantes

✔ Pregúntale dónde tiene la nariz, la boca, las orejas, la lengua, los ojos y el cuello su mamá. Y luego, cuando ya domine las acciones, pregúntale dónde tiene la nariz, la boca, las orejas, la lengua, los ojos y el cuello una tercera persona, como por ejemplo papá, o la abuelita. Le ayudará a diferenciar entre su persona y las otras personas que le rodean.

✔ Cuando ya domine las partes de la cara puedes ampliar el juego incluyendo otras partes del cuerpo, como las manos, los pies, la barriga, las rodillas, etc, así empezará a ser consciente de su cuerpo y de las partes que lo componen.

✔ Coloca a tu hijo delante de un espejo, sentado, y pregúntale por la nariz, la boca, las orejas, la lengua, los ojos y el cuello de ese niño que ve reflejado en el cristal. Alrededor de los 9-12 meses a los niños les encanta jugar con el amiguito que les sonríe desde el otro lado del espejo, así que se lo pasará en grande.

2
Cucú-tras

Qué necesitas: un cojín, un trapo, un pañuelo o simplemente las manos.

Características del juego:
- Es un juego de interior y exterior
- Es un juego de observación
- No ensucia

Número de participantes: mientras sea pequeño, funciona mejor si lo hacemos solo con un niño.

Duración: entre 5 y 10 minutos.

Qué aprende y trabaja el niño:
Le ayuda a desarrollar la coordinación óculo-manual, la atención y el lenguaje. Es importante que utilices siempre la misma palabra, ya que de lo contrario podrías confundir al niño. Sirve asimismo para empezar a introducir el concepto de sorpresa.

Explicación del juego:
Sienta al niño en el suelo, la trona o la hamaquita y colócate delante de él, de forma que te mire. Si es muy pequeño, puedes sentarte en el suelo con la espalda apoyada en la pared y las rodillas elevadas; luego colócatelo sobre los muslos de modo que la cabeza descanse sobre tus rodillas.

Coge el cojín, el pañuelo o simplemente las manos y tápate la cara mientras dices «cucú»; acto seguido retira las manos o el pañuelo y di «tras» con el fin de sorprenderle. Repítelo varias veces.

Variantes

✔ Quédate con la cara tapada y deja que sea tu hijo el que la destape; cuando lo consiga di «tras».

✔ Cuando el niño haya comprendido bien la mecánica del juego, intercambiar los papeles. Deja que sea él el que se tape la cara y te sorprenda a ti.

✔ Escóndete físicamente detrás de una puerta o de una columna. Mientras estés escondido dices «cucú» y cuando aparezcas dices «tras». Haz que la aparición sea espectacular y muy teatral; seguro que le arrancas una sonrisa.

3
Una croqueta por aquí, otra por allá

Qué necesitas: una alfombra o colchoneta en la que tumbar al pequeño.

Características del juego:
- Es un juego de interior y exterior
- Es un juego de estimulación
- No ensucia

Número de participantes: un niño por adulto.

Duración: 5 minutos.

Qué aprende y trabaja el niño:
Este juego sirve para enseñar al niño a girar sobre sí mismo y a pasar de la posición dorsal a la ventral y viceversa, es decir, trabaja la coordinación motora y el control postural en movimiento del niño.

Explicación del juego:
El juego consiste en tumbar al niño boca arriba sobre la alfombra o colchoneta y hacerle girar suavemente hacia un lado hasta dejarle boca abajo mientras dices «mira como gira la croquetita». Luego repites el movimiento en sentido inverso, es decir, le giras con cuidado hacia el otro lado hasta dejarlo de nueva boca arriba diciendo «y vuelve a girar la croquetita».

Variantes

✔ Cada vez que se quede boca arriba le haces unas cosquillas o unas caricias. Cada vez que se quede boca abajo subes los dedos por su espalda mientras cantas: «Una hormiguita que subía que subía, por una linda croquetita».

✔ Aprovecha que está tumbado y despierto para que haga una tabla de gimnasia: elevar las piernas/bajar las piernas (cinco veces); encoger las piernas/estirar las piernas (cinco veces); abrir las piernas/cerrar las piernas (cinco veces); y para terminar, la bicicleta. Cógele por los tobillos y encárgate de que realice cada uno de los movimientos.

4
Gatito bonito

Qué necesitas: tus manos

Características del juego:
• Es un juego de interior y exterior
• Es un juego de estimulación
• No ensucia

Número de participantes: un niño por adulto

Duración: 5-10 minutos

Qué trabaja y aprende el niño:
Con este juego el niño desarrolla su capacidad motora y

afectiva y también el lenguaje, la atención y la memoria. Además, aprende a distinguir el ritmo lento del ritmo rápido.

Explicación del juego:

Sienta al niño en una trona, en una hamaca o sobre tu regazo, de forma que sus manos queden a la altura de tu cara. Cógele las manos y pásatelas por la cara dándote caricias mientras dices la rima siguiente: «Gatito bonito, dime que has comido, sopitas de pollo o chinitas de río, ¿y no me has guardado? (hasta aquí con ritmo lento), ¿no? Pues mausito, mausito, mausito (esta parte a ritmo rápido, tanto las palabras como las caricias).

Variantes

✔ Repites toda la secuencia igual pero al final, cuando cambia el ritmo, haces que se acaricie a sí mismo con sus propias manos.

✔ Cuando el niño ya domine el juego deja que sea él solito el que te da las caricias, sin ayuda. Al principio sus movimientos serán un poco torpes y bruscos, pero poco a poco irá perfeccionando la técnica.

✔ Sentado sobre tu regazo, cógele de las manos y dile: «¿Me quieres? ¿No? Pues cáete al río». (Al decir esto lo dejas caer hacia atrás sin soltarlo, de modo que le quede la cabeza colgando.) Luego repites: «¿Me quieres? ¿Sí? Pues ven que te salve». (Y le das un abrazo achuchándolo bien.)

✔ Siéntalo sobre tu regazo y cógele las manos. Repite la rima siguiente: «Al paso, al paso, al paso». (Acción: subes las dos rodillas a la vez a ritmo lento haciendo saltar un poco al niño.) «Al trote, al trote, al trote». (Acción: aumentas un poco el ritmo.) «Al galope, al galope, al galope». (Acción: aumentas más el ritmo, de forma que bote bastante.) Las risas están garantizadas.

5

Eco, eco, eco

Qué necesitas: nada

Características del juego:
- Es un juego de interior y exterior
- Este juego de observación
- No ensucia

Número de participantes: un niño por adulto

Duración: 5-15 minutos

Qué trabaja y aprende el niño:
Trabaja el lenguaje, ya que este juego anima a tu pequeño a verbalizar. Sirve asimismo para introducir nuevos sonidos en el «vocabulario» de tu bebé.

Explicación del juego:
Sienta al niño en la silla del coche o en la trona. Repite una serie de sonidos sencillos que tu bebé suela emitir, por ejemplo «da, da, da». Anímale a hacer lo mismo diciéndole: «Ahora

tú serás mi eco. Repite lo que he dicho». Repítelo varias veces hasta que el bebé lo capte. Si no consigues que repita tu serie, invierte los papeles. Espera a que diga algo y luego repítelo. Dile: «Ves, ahora yo soy tu eco. Digo lo que tú dices». Te aseguro que le encantará. Si el pequeño se muestra predispuesto y te repite, prueba con otros sonidos, por ejemplo, «la, la, la», «pa, pa, pa» o «ma, ma, ma».

Variantes

✔ Mete a tu hijo en la mochila portabebés, o en la silla de paseo, y busca un lugar donde efectivamente haya eco, como por ejemplo un túnel. Repite el ejercicio. El efecto resulta espectacular.

✔ Si tienes hijos más mayores, deja que sean ellos los que emiten el sonido que el bebé debe copiar. Les tendrás a todos distraídos un buen rato.

6
¡Todos a chapotear!

Qué necesitas: esponjas, patitos de plástico, cuencos de distintos tamaños y formas, barquitos, figuras de foam, pinturas de baño, etc; un aro para bañeras de los que se pegan con ventosas, para que el niño pueda estar sentado sin correr el riesgo de resbalarse y sumergirse.

Características básicas del juego:
- Es un juego de interior y exterior
- Es un juego experimental
- El baño o la zona donde coloques la piscina de plástico acabarán mojados

Número de participantes: entre 1 y 3 niños

Duración: en la bañera, entre 10 y 20 minutos; en la piscina, entre 20 y 40 minutos.

Qué trabaja y aprende el niño:

Desarrolla su imaginación y experimenta con el agua, un medio que suele parecerles de lo más interesante y sugestivo. Estos juegos pueden ser muy útiles si a tu pequeño le cuesta acostumbrarse a la bañera grande o tiene miedo al agua.

Explicación del juego:

Coloca un aro-silla para bañeras en la bañera de tu casa. Llénala de agua templada y mete en el aro a tu pequeño. Las primeras veces dirige tú la actividad: coge una de las esponjas, sumérgela en el agua y luego levántala para que chorree. Ofrécele otra esponja a tu pequeño y anímale a imitarte. Coge un cuenco y llénalo con el agua que chorrea de la esponja. Luego pasa el agua de ese cuenco a otro. Ofrécele los cuencos a tu hijo y enséñale a hacerlo.

Variantes

✔ Coge un barquito o unos patitos y explícale una historia:

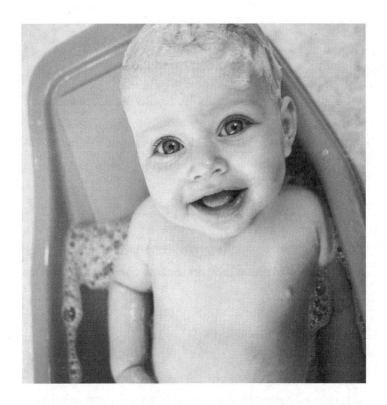

los patitos van hasta el borde de la charca porque han visto unas miguitas de pan o los que van en el barco están pescando peces.

✔ Cómprale un set de figuras de foam de las que se adhieren a la pared del baño y juega con él a construir una ciudad, una granja o cualquier cosa que se te ocurra.

✔ Utiliza pinturas para el baño o tintes en forma de pastillas para dejar el agua de la bañera del color que prefieras.

✔ Pídele que te prepare una comida en los cuencos; para añadirle realismo puedes usar algunas frutas y verduras de plástico.

✔ Déjale chapotear y salpicar con los pies y las manos.

7
Palmas, palmitas

Qué necesitas: las manos, las tuyas y las del pequeño.

Características básicas del juego:
- Es un juego de interior y exterior
- Es un juego de observación
- No ensucia

Número de participantes: al principio, un niño por adulto; más adelante puede practicarse con dos o tres niños a la vez.

Duración: 10 minutos o más

Qué trabaja y aprende el niño:
Las palmas permiten recalcar el ritmo de una canción o melodía, y por tanto resultan muy apropiadas tanto para aprender a marcar un ritmo como para aprender a diferenciar distintos ritmos. Además, mejoran la destreza manual del pequeño y desarrollan su oído y su sentido del ritmo. Y también su capacidad de concentración, ya que debe observar al adulto y repetir la secuencia de palmas.

Explicación del juego:
Colócate delante del niño, sentado en el suelo o en una silla. Canta la canción mientras sigues el ritmo con las palmas:

«Palmas, palmitas, que viene papá.

Palmas, palmitas, que pronto vendrá.

Palmas, palmitas, que viene mamá.

Palmas, palmitas, y un beso me dará».

Luego coge las manos del niño y vuelve a cantar la canción mientras guías sus manos para que siga el ritmo con sus palmas. Acto seguido anímale a hacerlo él solo mientras tú cantas una vez más la canción. Repite el juego varias veces al día hasta que se lo aprenda.

Variantes

✔ Cántale la canción de los cinco lobitos y enséñale a girar las manos hacia un lado y hacia el otro mientras cantas:

«Cinco lobitos tiene la loba

blancos y negros detrás de la escoba

cinco tenía, cinco criaba

y a todos cinco, lechita les daba».

Cuando llegues a la última estrofa, le haces cosquillas en la barriga. Es una rima muy sencilla y les encanta.

✔ Prueba a practicar este juego en la bañera llena de agua. El niño podrá salpicar, chapotear y hacer mucho ruido. Se lo pasara en grande.

✔ Prueba a hacer las palmas con las plantas de sus pies. Cuando haga calor, quítale los calcetines. Las plantas de los pies, al chocar, hacen un sonido muy gracioso. Cuando haga frío, ponle unos calcetines sonoros para bebés, de los que llevan cascabeles, y conseguirás un efecto todavía más espectacular.

✔ Cuando el niño sea un poco más mayor puedes utilizar rimas y canciones más largas con acciones más complejas. Por ejemplo:

«Pedro tenía un moscón en la nariz, (acción: señalarse la nariz). Pedro tenía un moscón en la nariz, (acción: señalarse la nariz). Pedro tenía un moscón en la nariz, (acción: señalarse la nariz).

Y con un zis y con un zas el moscón ya voló (acción: movemos una mano de derecha a izquierda primero, al decir «zis», y de izquierda a derecha luego, al decir «zas»). Orejones, bigotitos (acción: hacemos unas orejas con las manos sobre la cabeza primero y luego unos bigotitos haciendo rodar los dedos índices uno alrededor del otro a la altura del bigote). Orejones, bigotitos, orejones, bigotitos (ídem) y con un zis y con un zas el moscón ya voló».

«Toca palmas si te sientes muy feliz (acción: dan dos palmadas).

Toca palmas si te sientes muy feliz (acción: dan dos palmadas). Si te sientes muy contento, no lo dudes ni un momento, toca palmas si te sientes muy feliz (acción: dan dos palmadas)».

✔ Luego se va cambiando la estrofa y la acción correspondiente. Puedes usar las que te proponemos o inventar otras distintas. Las posibilidades son infinitas:

«Pisa fuerte si te sientes muy feliz» (pisan fuerte primero con un pie y luego con el otro), «Grita viva si te sientes muy feliz» (gritan «viva» a pleno pulmón), «Da un salto si te sientes muy feliz» (dan un salto con los pies juntos), «Mueve el culo si te sientes muy feliz» (hacen bailar el culo), etc.

8

¡Qué montón de arena!

Qué necesitas: cubos de distintos tamaños, varias palas, un rastrillo, moldes con distintas formas, un tamiz, un molinillo, un volquete, etc

Características básicas del juego:
- Es un juego de exterior
- Es un juego experimental que puede practicarse en cualquier sitio donde haya arena limpia
- Ensucia bastante, pero es una suciedad que desaparece sin problemas por el desagüe de la bañera

Número de participantes: sin límite

Duración: entre 30 minutos y 1 hora

Qué trabaja y aprende el niño:
La arena ofrece muchas posibilidades: puede dejarse escapar entre los dedos, puede modelarse y permite hacer todo tipo

de construcciones y experimentos, por lo que estimula la imaginación y la creatividad del pequeño, desarrolla su destreza manual y le anima a realizar experimentos científicos sencillos.

Explicación del juego:

Sienta al niño en la arena y ofrécele la pala, un par de cubos, el tamiz y los moldes. Enséñale a llenar el cubo con la pala o con uno de los moldes y a pasar la arena de un cubo a otro. Muéstrale cómo funciona el tamiz colando la arena sobre el cubo. Luego vacía el cubo dándole la vuelta y convierte el montón de arena en un pastel. Sugiérele que lo adorne con hojas y piedras. Añade un palito en lo alto y juega con tu hijo a soplar la vela de cumpleaños. Cuando hayas conseguido interesarle, deja que experimente él solo con los cacharros y la arena.

Variantes

✔ Alisa un trozo de arena y ofrécele un palo. Enséñale a hacer dibujos en la arena. Funciona especialmente bien en la playa, sobre la arena que está más húmeda. En esa arena también puedes jugar a dejar las huellas de las manos y de los pies, y a observar cómo las borran las olas después.

✔ Enséñale a construir una ciudad: marca las calles y carreteras con las palas, construye los edificios con los moldes y los cubos, clava hojas en la arena a modo de árboles y palitos a modo de personas, etc.; también puedes añadir piedras y coches.

✔ Llena una bolsa de plástico con arena seca, corta una de las esquinas de la bolsa y enséñale a dibujar formas abstractas sobre la arena más húmeda o sobre una superficie sin arena (en este último caso, luego hay que devolver la arena a su lugar de origen). También puedes probar con arena semilíquida.

✔ Ayúdale a confeccionar un castillo de arena, o un túnel subterráneo; o alguna figura, por ejemplo una tortuga con un enorme caparazón que luego puede recubrir con conchas o con piedras de colores.

9

El cocinero molón

Qué necesitas: un cajón lleno de utensilios de cocina que no sean peligrosos para el niño, por ejemplo, fiambreras de plástico, tapas de plástico, cuencos de plástico, platos de plásticos, vasos de plástico, coladores, cucharones, cucharas de madera, cazuelas de metal, etc.

Características básicas del juego:
- Es un juego de interior
- Es un juego experimental
- No ensucia, pero desordena

Número de participantes: uno solo; o dos si uno es más mayorcito y ayuda al más pequeño.

Duración: 10-15 minutos

Qué trabaja y aprende el niño:
Este juego le anima a investigar su entorno y a plantearse dilemas sencillos. También le ayuda a ampliar su vocabulario y a distinguir formas y colores. Además estimula el desarrollo de la coordinación manual y visual. Puede utilizarse asimismo para enseñarle a jugar de forma independiente.

Explicación del juego:
Sienta al niño en el suelo. Si el cajón queda a la altura del suelo, ábrelo y coloca al pequeño cerca. Si no, saca el cajón entero y colócalo a su lado. Atrae su atención diciendo algo como: «Éste es tu cajón. ¡Fíjate en todo lo que hay aquí!». Si duda o no se atreve a meter la mano, hazlo tú por él. Saca un par de objetos y déjalos a su lado. Cuando coja un objeto él solo, felicítalo: «Este es mi chico. Muy bien. ¿Qué has encontrado, precioso?». Nombra el objeto y deja que siga investigando.

Si quieres que aprenda a jugar de forma independiente debes dejarle solo delante del cajón. Tú sigue con tus quehaceres cerca de él y de vez en cuando acércate, anímale a seguir o saca un nuevo tesoro del cajón, para que no pierda el interés. No tardará en captar el mensaje.

Cuando lo haya sacado todo, enséñale a volver a colocar las cosas en su sitio.

Variantes

✔ Muéstrale para qué sirve cada utensilio. «Mira, esto es una cuchara de madera y sirve para mezclar; y esto es una cazuela. Vamos a mezclar este guiso». Coge tú también una cuchara y una cazuela y enséñale cómo se hace. Luego anímale a imitarte. Si tienes un hijo mayor, puede encargarse él: le encantará dirigir el juego y enseñar a su hermano pequeño.

✔ Enséñale a reunir los objetos por colores, por tamaños, etc.

✔ Enséñale a reunir cada recipiente con su tapa correspondiente, y a poner y a quitar la tapa.

✔ Deja que convierta las fiambreras y las cucharas de madera en tambores y palillos de tambor.

✔ Cuando consideres que ya está preparado, pídele que cocine contigo: siéntale en la trona o en el suelo y dile que te va a ayudar a preparar la comida. Dale los utensilios que necesite. Nómbralos a medida que se los das. Muéstrale cómo debe usarlos. Explícale el primer paso, muéstrale cómo lo haces y deja que te imite. Si no le sale, cógele la mano y guíale. «Echamos un poco de tomate y mezclamos.» Haz ver que echas tomate en su cazuela y dale una cuchara de madera para que remueva, aunque no haya nada. Mientras, tú haz lo propio en la cazuela que tienes en el fuego y prepara el sofrito para los macarrones.

10
¡Qué me caigo!

Qué necesitas: nada

Características básicas del juego:
- Es un juego de interior y de exterior
- Es un juego de estimulación
- No ensucia

Número de participantes: uno por adulto, ya que necesita de toda nuestra atención

Duración: 5-10 minutos (es posible que él quiera seguir jugando, pero tú estarás agotado)

Qué trabaja y aprende el niño:
El niño desarrolla el sentido espacial y aprende algunos conceptos nuevos, tales como «arriba» y «abajo», «caer» y «levantarse». Además, aprende a interactuar con otras personas.

Explicación del juego:
Túmbate en el suelo, boca arriba, y explica al niño que te has

caído y no puedes levantarte, que necesitas que te ayude. Alarga el brazo como si no pudieras levantarte solo y pídele que te ayude a levantarte. Si no reacciona, cógete del niño, vuelve a sentarte y dale las gracias por ayudarte a levantarte. Si lo pilla volverá a empujarte para que te caigas de nuevo, pero si no lo hace, vuelve a caerte tú solo y luego di: «oh, oh». Tras varias repeticiones, cuando el niño ya te ayude a levantarte y luego vuelva a empujarte sin necesidad de que se lo pidas, pon un poco de resistencia. Cuando te empuje dile que tendrá que hacerlo más fuerte si de verdad quiere tirarte; cuando lo haga muévete un poco pero sin caerte del todo; repítelo una o dos veces. A la tercera déjate caer y dile que lo ha conseguido.

Variantes

✔ Cuando te canses, o empiece a dolerte la espalda, proponle otro juego. Coge las piezas de construcción –las hay apropiadas para todas las edades– y enséñale a construir una torre bien alta. Luego deja que la derribe. Pídele que te ayude a construirla y a derribarla de nuevo. Cuando ya sea todo un experto, pídele que construya la torre siguiendo una serie: pieza roja, pieza azul, pieza amarilla, pieza verde; o dos de cada color. Cuando llegue la hora de recoger las piezas, si está muy alterado, te resultará un poco difícil. Proponle un método alternativo: debe «encestar» las piezas en la caja donde se guardan. Primero deja que lo haga desde muy cerca y luego ves apartando la caja, cada vez un poco más. De este modo la hora de recoger también se convertirá en un juego.

11
El avioncito

Qué necesitas: nada

Características básicas del juego:
* Es un juego básicamente de exterior
* Es un juego de estimulación
* No ensucia

Número de participantes: un niño por adulto

Duración del juego: 5-10 minutos

Qué trabaja y aprende el niño:
A confiar en el adulto con el que juega y a dejarse llevar. Y a anticipar un momento emocionante.
Sirve para descargar adrenalina, para suavizar las cosas después de un momento tenso o para romper el hielo con un niño tímido.

Explicación del juego:
Colócate de pie, delante del niño. Éste también debe estar de pie, mirándote. Cógele de las manos y empieza a dar vueltas sobre ti mismo. Poco a poco levanta al niño de modo que no le toquen los pies al suelo. Al iniciar la maniobra explícale que está despegando (recuerda, es un avioncito: «Pista de despegue; preparados para despegar; en uno, dos, tres; arriba»). Dale unas cuantas vueltas, entre tres y cinco son suficientes las primeras

veces, y luego empieza a bajarlo hasta dejarlo de nuevo en el suelo («Vamos a aterrizar. Abróchense los cinturones; bajando el tren de aterrizaje y… tierra»). Luego dale un buen achuchón y pregúntale si le ha gustado. Si te dedica una sonrisa de oreja a oreja, puedes repetir la experiencia. Si parece mareado o crees que no le ha hecho mucha gracia, será mejor pasar a otro juego más tranquilo y dejar éste para más adelante.

Variantes

✔ Convierte el juego en un vuelo espacial a la luna o a Marte. Cuando le bajes puedes simular que eres un ser de otro planeta.

✔ Dale una voltereta en el aire: colócate de pie y dile que se coloque delante de ti y agache la cabeza doblando el tronco. Pídele que saque las manos por entre sus piernas, por atrás; si no lo entiende, enséñale cómo debe hacerlo. Cógele de las manos y hazle dar una voltereta: «A la una, a las dos y a las tres… ¡alehop!».

12
Pequeños artistas

Qué necesitas: papel o cartulina, pintura en polvo o lavable de distintos colores, colorantes alimenticios, pinceles de distintos tamaños y tipos, jabón desmenuzado o harina (para espesar la pintura), tarros con agua para limpiar los pinceles; papel de cocina, papel de periódico o un plástico (para proteger la mesa y el suelo de las manchas), delantal de plástico y toallitas.

Características básicas del juego:
• Juego básicamente de interior, aunque cuando hace buen tiempo, si se dispone de espacio, también puede realizarse al aire libre
• Es una manualidad
• Sí ensucia, y bastante.

Número de participantes: sin límite

Duración: 30 minutos – 2 horas

Qué trabaja y aprende el niño:
Aprende a manejar el pincel, a combinar colores y a expresarse artísticamente. Resulta muy gratificante para los niños pequeños, porque consiguen un resultado instantáneo y además modificable. Basta con apoyar el pincel en el papel para que aparezca una mancha de color, y si aplican una nueva pincelada, el dibujo inicial se transforma en algo distinto. Gracias a eso descubren que son capaces de hacer cosas, de crear, un descubrimiento que aumenta su nivel de autoestima y su confianza.

Explicación del juego:
Prepara la zona en la que van a trabajar: pon un plástico o abundante papel de periódico en el suelo, coloca la mesa encima y recúbrela con un hule plastificado o más papel de periódico. Pon al niño un delantal plastificado, de los que cubren todo el cuerpo, y siéntalo delante de la mesa. Coloca un papel absorbente y grueso en la mesa y dale un pincel. Si el niño es

pequeño se apañará mejor con un pincel que tenga el mango corto y grueso y la cabeza grande. Las primeras veces basta con que le ofrezcas un solo color. A medida que crezca y vaya perfeccionando sus dotes artísticas puedes ofrecerle entre 2 y 4 colores. Deja que pinte libremente sobre la superficie de papel. Cuando utilice más de un color, enséñale a aclarar el pincel entre un color y el siguiente.

Variantes

✔ Coge una hoja de papel que no sea ni demasiado absorbente ni demasiado fina. Dóblala por la mitad, déjala sobre la mesa y pide al niño que la abra. Pídele que deje caer un gotarrón de pintura de su color preferido sobre una mitad

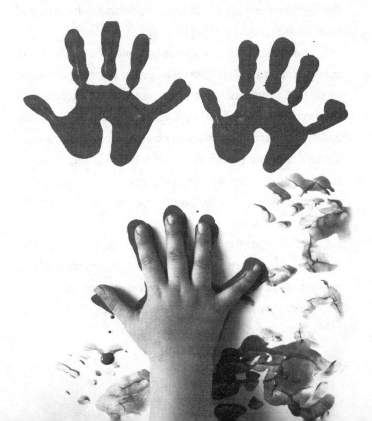

de la hoja. Luego dile que vuelva a doblar la hoja por la mitad y que alise bien la superficie con las dos manos. Finalmente, dile que vuelva a abrir la hoja y observad juntos el diseño resultante. La siguiente vez, combina dos gotarrones de colores distintos, a poder ser que contrasten entre sí: blanco y morado, naranja y verde, rojo y azul, etc.

✔ Ofrécele esponjas con distintas formas, deja que las sumerja en un plato de plástico con pintura y que luego las estampe en el papel.

✔ Dale un pincel o cepillo de cerdas duras y un colador. Deja que moje el cepillo en la pintura y que luego lo presione contra la malla del colador puesto boca abajo, hasta obtener una lluvia fina de gotitas de pintura; suelen obtenerse diseños muy originales. Antes de usar otro color hay que lavar bien el pincel y el colador.

✔ Dile que deje caer unas gotas de pintura sobre un trozo de papel de aluminio (las gotas pueden ser del mismo color o de varios) y luego ofrécele una pajita para que sople sobre las gotitas y las mueva en todas direcciones. Una vez terminado el diseño coloca una hoja blanca sobre éste para obtener una copia de recuerdo. Déjala secar en un lugar alto.

✔ Confecciona unas plantillas, o cómpralas. Colócalas sobre el papel y dile al niño que pinte con un pincel o esponja los espacios huecos.

✔ Confecciona un marco para su obra de arte: una vez terminada la lámina, pídele que haga bolitas con un trozo de papel de seda. Luego coloca cola en el margen exterior de la lámina y dile que pegue las bolitas de papel de seda sobre la superficie encolada.

13
Mira lo que tengo

Qué necesitas: unos cuantos juguetes de colores vivos

Características básicas del juego:
- Es un juego de interior y de exterior
- Es un juego de observación
- No ensucia

Número de participantes: uno niño por adulto, al menos al principio

Duración: 5-10 minutos

Qué trabaja y aprende el niño:
Este juego trabaja la coordinación mano-ojo e introduce al niño en el mundo de las bromas y las sorpresas. Sirve asimismo para ampliar el vocabulario del niño.

Explicación del juego:
Siéntate delante del niño, que también debe estar sentado. Ofrécele un juguete que conozca, preferiblemente de colores vivos. «Mira lo que tengo. Es tu ranita de peluche. ¿La quieres?» Haz ver que vas a dársela. Luego ríete y dile en tono de broma: «Espera un momento, bonita. Quiero echarle otro vistazo». Y vuelve a retirar el juguete de su alcance. Ofréceselo de nuevo y cuando intente cogerlo, retíralo, bromeando y riendo, para que vea que estás jugando. A la tercera, deja que

lo coja y di: «¡Vaya, lo has conseguido!».Y le das un abrazo y vuelves a reírte.

Si cuando intentas recuperar el juguete para empezar otra ronda, el niño no quiere dártelo, te toca reír y aceptar que ahora es él el que intenta tomarte el pelo y bromear.

Variantes

✔ Coge un objeto pequeño pero llamativo y enséñaselo. Luego escóndelo en una de las manos. Ofrécele los dos puños cerrados y deja que adivine dónde está el objeto que has escondido. («¿Dónde ha escondido mamá la llave? ¿En esta mano o en esta?»). La primera vez, si el niño no escoge ninguna, al cabo de un rato abre la mano donde está el objeto y exclama: «¡Estaba aquí!». Cuando acierte la mano, dile: «¡Fantástico. Lo has acertado!».

14
¡Vaya cara!

Qué necesitas: hojas en blanco o cartulinas pequeñas, revistas y catálogos, rotuladores, tijeras y pegamento

Características básicas del juego:
• Es un juego de interior
• Es una manualidad
• El niño puede ensuciarse de pegamento, pero poco

Número de participantes: la primera vez es mejor

hacerlo con un solo niño pero luego puede hacerse con un grupo reducido, de entre 2 y 4 niños, ya que resulta todavía más divertido

Duración: 10-20 minutos

Qué trabaja y aprende el niño:
Este juego sirve para desarrollar la habilidad manual y el sentido de las proporciones. Y para repasar las partes de la cara. Además, desarrolla la creatividad del niño.

Explicación del juego:
Coge las revistas y los catálogos y pide a los niños que te ayuden a seleccionar todos los ojos, orejas, bocas, narices y cabellos que haya. Pueden ser de distintos tamaños, y tanto de hombre como de mujer. Luego hay que recortar todas esas partes de la cara: si los niños son pequeños, recórtalas tú; si son un poco más mayores pueden ayudarte. A continuación, pídeles que agrupen todos los ojos en un montón, todas las bocas en otro, todas las orejas en otro, etcétera. Dibuja en las cartulinas el contorno de un rostro y repártelas. Luego cada niño coge unos ojos, una nariz, unas orejas, una boca y un cabello y los pega en el rostro; debe intentar que quede una cara proporcionada, aunque también valen las caras absurdas o estrafalarias. Finalmente, pueden usar los rotuladores para completar el dibujo.

Variantes

✔ Confecciona una cara con un trozo de fieltro y luego un

montón de ojos, orejas, narices, bocas y pelos distintos, también de fieltro. Cose por la parte de atrás de las partes del rostro un trozo de velcro. Podrán hacer tantas caras como quieran, pegando y despegando una y otra vez las piezas con el velcro en la cara de fieltro.

✔ Cuando el niño ya controle bien las partes de la cara puedes ampliar el juego e introducir las partes del cuerpo: los brazos, las piernas, los pies, las manos, el ombligo, etc. Dibuja o confecciona con fieltro un tronco humano y las distintas partes del cuerpo. Luego deja que coloquen cada parte del cuerpo en su sitio correspondiente.

15
¿Qué hay en el bote?

Qué necesitas: un bote grande, como los que se usan para guardar galletas, o un cuenco profundo; tres pelotas de ping pong o similares (si encuentras bolas de las que llevan un cascabel dentro, mejor que mejor).

Características básicas del juego:
• Es un juego de interior y de exterior
• Es un juego de habilidad
• No ensucia

Número de participantes: uno por adulto

Duración: 5-15 minutos

Qué trabaja y aprende el niño:

Desarrolla la coordinación manual y visual, y la musculatura de la mano. Enseña al niño a enfrentarse a un problema y a solucionarlo.

Explicación del juego:

Coloca las pelotas dentro del bote y luego siéntate delante del niño, por ejemplo en el suelo. Coge el bote y ofréceselo. Dile: «Anda, fíjate lo que hay aquí dentro». Y mueve el bote para que suene. Pon el bote a su alcance y pregúntale si puede sacar las pelotas. Las primeras veces puedes cogerle la mano y ayudarle a sacarlas. Cuando ya las tenga en la mano, intenta que vuelva a meterlas en el bote. Al principio es posible que tengas que insistir un poco para que suelte su tesoro. Pero cuando entienda que es un juego, las devolverá sin problemas para poder empezar de nuevo.

Variantes

✔ Ofrécele la cesta de las pinzas de la ropa; debe estar llena de pinzas de todos los colores. Deja que las manipule, que las saque y las meta en la cesta; enséñale a construir un tren con las pinzas o dale un trozo de tela y muéstrale cómo se abren y se sujetan en la tela.

✔ Compra unos cuantos rulos y unos cuantos bigudíes de distintos tamaños y colores. Mételos en una cesta o en una caja y déjale jugar con ellos. Ofrécele una muñeca o una cabeza de muñeca y muéstrale cómo se colocan en el pelo.

✔ Compra botones grandes de distintos colores y formas (puedes ir a una mercería y pedirles los restos de series). Guárdalos en una caja de galletas o de madera y deja que juegue con ellos. Consigue una aguja de plástico e hilo grueso y enséñale a «coserlos» pasando el hilo por los agujeros de los botones.

16
Manos y pies mágicos

Qué necesitas: hojas de papel absorbente o cartulinas, papel de embalar, pintura lavable o de dedos, platos de plástico grandes; papel de cocina, papel de periódico, delantal, toallitas y algo para que el suelo y la mesa no se manchen.

Características básicas del juego:

- Es un juego de interior
- Es una manualidad
- Ensucia mucho, muchísimo

Número de participantes: entre 1 y 4 niños, para que puedas ayudarles y la actividad no se descontrole demasiado.

Duración: 30 minutos – 1 hora

Qué trabaja y aprende el niño:

Las actividades que consisten en dibujar y pintar permiten que el niño se exprese artísticamente y que desarrolle la coordinación manual y visual. Además, pueden resultar muy entretenidas y gratificantes.

Explicación del juego:

Primero prepara todo lo necesario: coloca un plástico o papel de periódico debajo de la mesa que vayas a utilizar, y un hule o más papel de periódico sobre la mesa. Pon a cada niño un delantal de cuerpo entero y explícales lo que vais a hacer. Coloca las hojas de papel absorbente sobre la mesa. A continuación, escoge un par de colores y vierte un poco de pintura en sendos platos de plástico. Ayúdales a meter la palma de la mano en uno de los platos (deja que elijan el color que prefieran) y luego a dejar la huella sobre el papel. Piensa que la primera huella a menudo queda mal, a causa del exceso de pintura, de modo que hazla en un trozo de papel de periódico que sea para tirar. Luego dales otra hoja de papel y déjales pintar libremente usando las manos: pueden usar los dedos, la palma, el lateral de la mano y el dorso. Enséñales a confeccionar un girasol: con el puño cerrado hacen el centro y con el lateral los pétalos.

Corta un trozo de papel de embalar y colócalo en el suelo. Sácales los zapatos y diles que metan el pie en el plato de pintura. Enséñales a dejar la huella del pie en el papel de embalar. Pon el nombre de cada uno junto a su huella. Luego cuelga el mural en algún lugar vistoso.

Variantes

✔ Prepara dos o tres vasitos con pintura espesa de varios colores, unas cartulinas y entre dos y tres cuerdas por vasito (trozos de cuerda o lana de unos 10-20 cm que absorban la pintura). Pasa la cuerda a través de un macarrón y átala; ya tienes el mango para que el niño pueda manipular la cuerda. Luego dile que sumerja la cuerda en uno de los vasitos llenos de pintura, que la saque y que la arrastre por el papel como si fuera un gusano, creando líneas y garabatos. Conseguirá un cuadro de lo más original. Déjalo secar y cuélgalo junto a su cama.

✔ Coloca una lámina de papel en un caballete de madera de los de pie. Deja que el niño haga un cuadro, como si fuera un pintor profesional. Por regla general les encanta y al terminar se sienten muy orgullosos de su obra maestra.

17
Éste fue a por leña

Qué necesitas: nada

Características básicas del juego:
- Es un juego tanto de interior como de exterior
- Es un juego simbólico
- No ensucia

Número de participantes: entre 1 y 6 niños

Duración: 5-10 minutos

Qué trabaja y aprende el niño:

Es un juego popular que estimula la memoria, el lenguaje y la coordinación motora. Fortalece el vínculo afectivo y sirve para practicar el nombre de los dedos.

Explicación del juego:

Todos los niños se sientan en el suelo, delante del adulto. Éste les contará un breve cuento usando como personajes los dedos de la mano. Mientras lo cuenta irá señalando sus dedos y animará a los niños a hacer lo mismo: «El dedo meñique pide pan, el anular le dice que no hay, el dedo corazón va a por leña, el índice prepara una sopa y el pulgar que es muy gordito…se la come toda, toda, toda». Al decir la última frase, el adulto hace cosquillas en la barriga a uno de los niños. Luego repite la historia y hace cosquillas a otro de los niños.

Cuenta la historia tantas veces como niños haya, para tener la oportunidad de hacer cosquillas a todos.

Variantes

✔ Utiliza uno de esos guantes que llevan personajes cosidos en la punta de los dedos para contar la historia y hacer que resulte más atractiva.

✔ Coge el brazo del niño, extiéndeselo boca arriba y súbele la manga. Explícale la historia siguiente: «Cuando vayas a la carnicería, dile al carnicero que no te corte por aquí (y le pasas el lateral de la mano por encima de la muñeca), ni por aquí (le pasas la mano un poco más arriba), ni por aquí (un poco más arriba), ni por aquí, (un poco más), ni por aquí (casi llegando a la axila) ...sino por aquí, por aquí, por aquí (al decir esto último le haces cosquillas en la axila correspondiente)». Este juego es ideal para distraer al niño cuando ha tenido una mala experiencia (una caída, un encontronazo con otro niño) o un berrinche, porque a los pocos segundos estará riendo a carcajada limpia.

✔ Otra versión, para variar: «Estaba en mi jardín y vino una abejita que hacía bzzzzzzz (le persigues con el dedo índice extendido y describiendo círculos)....y mi picó (y le haces cosquillas en el ombligo)».

✔ Le tumbas boca abajo, le subes la camiseta y mientras desplazas los dedos índice y corazón por su espalda, de abajo hacia arriba, como si andaran por su espalda, cantas: «Una hormiguita que subía, que subía, por la espaldita de mi pequeñín, y subía, y subía y se comía, y se comía su orejita, ñam, ñam, ñam» (y haces ver que te comes su oreja).

18
Pulseras y collares para todos

Qué necesitas: objetos que puedan ensartarse, como botones, cuentas grandes, macarrones o trozos de pajitas gordas; goma elástica o cuerda de tender, una aguja roma y gruesa, unas tijeras.

Características básicas del juego:
- Es un juego de interior o exterior
- Es una manualidad
- No ensucia

Número de participantes: sin límite

Duración: 30 minutos – 1 hora

Qué trabaja y aprende el niño:
Fomenta el desarrollo de la destreza manual fina y el control de los dedos ya que con una mano debe ensartar el hilo por el agujero y con la otra mantener quieto el objeto por el que va a ensartar el hilo. También mejora la coordinación visual y manual. Además, el niño puede medir el éxito contando el número de piezas que consigue ensartar, algo que le produce una gran satisfacción.

Explicación del juego:
Corta un trozo de goma elástica para cada niño, suficientemente larga como para hacer una pulsera o un collar que le

valga. Haz un nudo en uno de los extremos, lo suficientemente grande como para que las piezas no se escapen. Coloca en un plato, en el centro de la mesa, los macarrones, botones o cuentas y muéstrales cómo deben ensartarlos. Pueden hacer pasar la goma directamente, o ensartarla primero en una aguja roma y grande. Una vez ensartadas las piezas, se hace un nudo y ¡a lucir las joyas!

Variantes

✔ Si utilizas macarrones u otra clase de pasta, deja que primero pinten las piezas con pintura de distintos colores. Cuando estén secas podrán ensartarlas combinando las distintas piezas.

✔ A los niños pequeños les encanta arrastrar cosas, sobre todo si se trata de algo que han confeccionado ellos mismos. Reúne unos cuantos carretes de hilo vacíos o unos cuantos rollos de papel higiénico. Ensártalos en una cuerda y confecciona una serpiente juguetona. Pueden adornar los carretes con adhesivos o pegatinas, y pintar los rollos con pintura de colores, para que la serpiente resulte más vistosa y atractiva.

19
¿Cómo hace el gato?

Qué necesitas: un surtido de animales de peluche o de plástico metidos en una cesta o caja.

Características básicas del juego:
- Es un juego de interior y exterior
- Es un juego de observación
- No ensucia

Número de participantes: un niño por adulto, al menos las primeras veces

Duración: 5-10 minutos

Qué trabaja y aprende el niño:
El objetivo básico de este juego es familiarizar al niño con los distintos animales, con el sonido que hacen y con su forma de desplazarse. Estimula su memoria y su imaginación.

Explicación del juego:
Sienta al niño en el suelo, sobre la alfombra, y colócate delante de él. Coge uno de los animales de la cesta y explícale al niño lo siguiente: qué animal es, que sonido hace, cómo se desplaza y cualquier otra información que te parezca pertinente. Acércale el peluche y anímale a cogerlo y a imitar el sonido que hace. Sigue hasta sacar todos los animales de la cesta. Luego acerca la cesta al niño y pídele que meta los ani-

males dentro. Cada vez que meta uno de los animales, repite su nombre e imita una vez más el sonido que hace.

Variantes

✔ Para captar su interés puedes hacer que sean los muñecos los que le hablan: «Hola, soy un lindo gatito y me gusta hacer miau, miau. Quieres acariciarme, soy muy suavito» o «Hola. Soy una abejita muy traviesa y si no me haces caso, voy y te pico» (y haces ver que le picas con un dedito en un costado, para que se ría).

✔ Coge un calcetín viejo, cósele un par de botones en la puntera, colócatelo en la mano y tendrás un gusano parlante. Úsalo para presentarle a los demás animales; al final el gusano puede descubrir uno de los pies del niño, hacer ver que lo confunde con su bebé e intentar llevárselo arrastrándolo con la boca. Se morirá de la risa.

✔ Coge un grupo de objetos de la misma familia (una ambulancia, un coche de bomberos, un coche de policía; o una trompeta, una pandereta, un tambor) y mét3elos en la cesta. Introduce el nuevo vocabulario y los nuevos sonidos como en el juego de los animales.

20
¡A bailar!

Qué necesitas: un equipo de música y un CD con unos cuantos tangos

Características básicas del juego:
- Es un juego de interior y exterior
- Es un juego de expresión corporal
- No ensucia

Número de participantes: un niño por adulto

Duración: 5 – 10 minutos

Qué trabaja y aprende el niño:
El juego agudiza el sentido del ritmo y el oído para la música. Resulta muy útil para distraer al niño tras una mala experiencia o para entretenerle cuando toca esperar un poco, por ejemplo si el niño tiene hambre pero la cena todavía no está lista.

Explicación del juego:
Coge al niño en brazos, junta tu mejilla a la suya y sujeta su brazo izquierdo con tu mano derecha, con los brazos extendidos. Cuando la música empiece a sonar da cuatro pasos en la misma dirección sin cambiar de postura. Debes seguir el ritmo característico de los tangos. Luego haz girar rápidamente a tu «pareja», grita «tango» y da cuatro pasos en la dirección contraria. Repite el baile varias veces.

También puedes seguir el ritmo cantando de forma exagerada: «Tan, tan, tan, tan…tarara…tan, tan, tan, tan».

Variantes

✔ Puedes probar a bailar con otro tipo de música: jazz, rock, vals, etc. Exagera y repite los movimientos que más le gusten.

✔ Cuando sea un poco más mayor, deja que se suba sobre tus pies, es decir, que coloque cada uno de sus pies sobre uno de los tuyos, y enséñale algunos pasos de baile. ¡Es todo un clásico!

✔ También puedes probar a bailar como un robot articulado delante de tu pequeño y animarle a imitarte. Prueba con canciones como «Martian Hop», de Rocky Sharpe and the Replays.

21
Mosaicos y cuadros

Qué necesitas: papel de charol de diferentes colores, una regla, unas tijeras, pegamento o cola blanca, cartulinas, platos de plástico y un lápiz.

Características básicas del juego:
* Es un juego básicamente de interior
* Es una manualidad
* Puede ensuciar un poco a causa de la cola

Número de participantes: de 1 a 4 niños

Duración: de 10 a 20 minutos

Qué trabaja y aprende el niño:
Esta actividad sirve para mejorar la destreza manual fina, ya que el niño manipula materiales pequeños. Y para enseñarle a tener paciencia, ya que debe ir completando el mosaico pieza por pieza, como en un rompecabezas.

Explicación del juego:
Dibuja en cada cartulina un dibujo sencillo: un jarrón, una pelota, etcétera. Luego traza cuadrados de 2 cm de lado por todo el dibujo a modo de cuadrícula, de arriba abajo, y de izquierda a derecha. Recorta cuadrados de papel charol de 2 cm de lado. Coloca todos los cuadrados de un mismo color en un plato de plástico, para que el niño pueda identificarlos fácilmente. A

continuación enseña al niño a encolar una parte del dibujo y a pegar los cuadrados de papel charol sobre los cuadrados que tiene el dibujo. Puedes determinar qué color deben usar en cada parte a priori o dejar que combinen los distintos colores libremente. El resultado suele ser muy vistoso.

Variantes

✔ Confecciona un collage: reúne varios materiales distintos, tales como lentejas, bolitas de papel de seda, retales de tela, plumas de colores, etc. Luego dibuja sobre la cartulina un objeto de trazos grandes y divide el dibujo en varias partes. Encola una de las partes y dile que pegue en ella las lentejas; puede cogerlas a puñados, echarlas sobre la zona encolada y apretarlas con las manos para que se peguen bien. A continuación encola otra parte y dile que pegue en ella unas cuantas bolitas de papel de seda. Sigue así hasta que toda la superficie quede cubierta con alguno de los materiales seleccionados. Intenta que los materiales contrasten con los que tiene al lado. Quedará más bonito.

22
¡Canasta!

Qué necesitas: una canasta (es decir, una papelera, la ventana de una casita de tela o el cesto de la ropa sucia) y varias pelotas (o algo que haga la función de pelota).

Características básicas del juego:
- Es un juego de interior y de exterior
- Es un juego de puntería
- No ensucia

Número de participantes: si el niño es pequeño, uno por adulto; si son un poco más mayorcitos, pueden jugar 3 o 4 y lanzar por turnos.

Duración: 5 – 15 minutos

Qué trabaja y aprende el niño:
Sirve para agudizar el sentido de la puntería y para desarrollar la coordinación de los músculos grandes. El niño mejora además su orientación espacial y su concepción de las distancias.

Explicación del juego:
Coloca la cesta en el suelo y al niño a unos cuantos pasos de la misma. Primero hazlo tú, para que vea cómo se hace. Acércate a la canasta y lanza dentro la pelota. Dile que acabas de hacer una canasta y pregúntale si quiere hacer él una. Si no se mueve o se muestra reacio, cógele de la mano, acom-

páñale hasta la canasta y ayúdale a encestar. Si se niega a participar, haz unas cuantas demostraciones más y luego déjale solo. Es muy probable que cuando tú desaparezcas se atreva por fin y pruebe fortuna. Cuando ya sepa encestar, dibuja una línea en el suelo, a dos o tres pasos de la canasta, y enséñale a encestar desde allí.

Si juegan dos o más niños puedes introducir algunas reglas sencillas. Por ejemplo, el que enceste vuelve a lanzar la pelota. O el que enceste tres veces seguidas, lanza una vez de espaldas, etc.

Variantes

✔ Compra unos aros de colores con uno o varios postes para ensartarlos. Los postes puedes fabricarlos tú mismo con varios rollos de papel de cocina pegados en una base hecha con plastilina. Los niños lanzan los aros, por turnos, intentando insertar el máximo de ellos en los postes. Si los niños son más mayorcitos, puedes dar una puntuación a cada color: el aro rojo vale 1 punto, el amarillo 2 puntos, el azul tres puntos, etc.

✔ Reúne unas cuantas piedras o unas cuantas castañas y juega con el niño a encestarlas en un cubo. También puedes colocar varios cubos de tamaños distintos: si encestan la piedra en un cubo pequeño consiguen más puntos que si la encestan en uno grande.

23

Clavelitos mágicos

Qué necesitas: unos claveles blancos, un jarrón con agua, tinta de diferentes colores y adhesivos del color de las tintas y de color blanco.

Características básicas del juego:
- Es un juego de interior y de exterior
- Es un experimento científico
- Ensucia, si no se tiene cuidado con la tinta

Número de participantes: tantos como colores de tinta tengas; así todos podrán ayudarte a echar la tinta en el jarrón al menos una vez.

Duración: 5 – 10 minutos (más el tiempo de espera).

Que trabaja y aprende el niño:
Esta actividad resulta muy útil para introducir al niño en los experimentos científicos y en la regla de causa-efecto. Además, despierta su curiosidad por el mundo que le rodea y por los fenómenos naturales. Y le enseña a esperar y a tener paciencia.

Explicación del juego:
Llena de agua un jarrón y vierte en él un poco de tinta de color azul. A continuación, mete los claveles en el jarrón. Pide a los niños que observen las flores y que peguen un adhesi-

vo del color de las flores en el jarrón (en este caso blanco), para que recuerden de qué color eran. Deja pasar unas horas y llámales para completar el experimento. Los bordes de los pétalos de los claveles habrán adquirido un tono azulado a causa de la tinta. Diles que peguen al lado del adhesivo blanco un adhesivo con la nueva tonalidad.

Variantes

✔ Coge tres o cuatro jarrones distintos, coloca dos claveles blancos en cada jarrón y el adhesivo blanco correspondiente. Añade a cada jarrón tinta de un color (roja, verde, azul y negra). Obtendrás claveles de cuatro tonalidades distintas.

✔ Corta longitudinalmente el tallo de un clavel. Introduce una parte del tallo en un jarrón con tinta verde y la otra parte en un jarrón con tinta roja. Medio clavel adquirirá una tonalidad y el otro medio, otra. Está claro que el resultado es espectacular.

24
Me voy a la oficina

Qué necesitas: hojas de papel y un palillo chino o algo similar.

Características básicas del juego:
- Es un juego de interior
- Es un juego de estimulación
- No ensucia

Número de participantes: uno niño por adulto

Duración: 5 – 10 minutos

Qué trabaja y aprende el niño:
Esta actividad mejora la coordinación de los músculos pequeños de la mano y la capacidad de concentración del niño. Es un ejercicio de preescritura que le será muy útil para más adelante empezar a practicar la escritura.

Explicación del juego:
Sienta al niño en la trona cerca de la mesa donde tú estés trabajando. Coloca una hoja de papel y el instrumento que vaya a usar para «escribir» delante del niño. Explícale que ambos vais a hacer lo mismo: corregir exámenes, la lista de la compra, revisar unos informes, etc. Enséñale cómo debe sujetar el «lápiz» y guía su mano para que éste se desplace por el papel. Lo normal es que en cuanto le dejes a su aire

empiece a aporrear el papel o a romperlo. Déjale y elogia lo mucho que está trabajando. Las primeras veces aguantará poco, de modo que deberás tener a mano otro juguete. Pero transcurrido algún tiempo, y si practicas la actividad a menudo, aguantará bastante más.

Variantes

✔ Déjale un teclado de ordenador viejo o una máquina de escribir eléctrica que ya no uses y deja que aporree las teclas e investigue un poco.

✔ Cuando ya sea capaz de entretenerse durante 10 o 15 minutos, déjale un lápiz grueso, que sea fácil de manejar para una mano gordita como la suya, y enséñale a hacer garabatos. Piensa que los garabatos son esenciales para el futuro aprendizaje de la escritura.

25
Toma tu osito

Qué necesitas: diez juguetes pequeños metidos en una cesta o caja.

Características básicas del juego:
• Es un juego tanto de interior como de exterior
• Es un juego de observación.
• No ensucia

Número de participantes: uno niño por adulto, ya que

requiere toda nuestra atención si no queremos que pierda el interés.

Duración: 5- 10 minutos

Qué trabaja y aprende el niño:
Este juego desarrolla la coordinación manual y visual, y enseña al niño a seguirte mientras cuentas o nombras objetos. Tiene un efecto relajante.

Explicación del juego:
Siéntate en el sofá o en el suelo junto a tu hijo; o métabelo en la bañera, en su aro adaptador, y colócate junto a la bañera. Ten a mano la cesta con los juguetes. Con un tono de voz rítmico dile: «Toma tu osito». Y le pasas el osito de juguete. Luego dile: «¿Me das el osito?». Y extiende la mano. El niño te lo dará. Si no lo hace, cógeselo con suavidad. Repite toda la secuencia un par de veces. La tercera vez que lo repitas, deja que se quede con el osito y pasa al objeto siguiente: «Toma tu moto. Y tu rana. Y tu patito. Y tu pelota de estrellas». Al final todos los juguetes estarán apilados junto al niño, o flotando en la bañera. Entonces empieza la segunda parte: «¿Me das el osito?». Te dé lo que te dé, lo coges y repites en voz alta lo que es: «Anda, es tu patito». Cuando vuelvas a tenerlos todos tú, empieza una nueva ronda.

Variantes

✔ Coge un libro que tenga las hojas de cartón duro y dibujos sencillos de juguetes o animales. Pasa las páginas sin prisas y di lo que aparece en ellas: «Esto es un pato. Esto es una rana». Lo normal es que el niño quiera pasar las páginas él solo. Enséñale a hacerlo con cuidado, guiando su mano. Explícale que si lo hace muy rápido o a lo bruto el libro se romperá y ya no podrá mirarlo. Ten paciencia. Piensa que si consigues que aprenda a hacerlo bien, luego podrás dejar que lo haga solo. Un niño puede pasarse un buen rato pasando las hojas de un cuento y murmurando para sus adentros, algo que te será muy útil, por ejemplo, cuando viajes en coche.

26
Pásame la pelota

Qué necesitas: una pelota pequeña (de ping pong o de las que se usan para jugar a las palas) y una cuchara de madera grande o un palo de madera (por ejemplo un depresor como el que usan los pediatras para ver la garganta de los niños o el palito de un polo)

Características básicas del juego:
- Es un juego tanto de interior como de exterior
- Es un juego de habilidad
- No ensucia

Número de participantes: uno niño por adulto o hermano mayor.

Duración: 5 – 15 minutos

Qué trabaja y aprende el niño:

Este juego mejora la coordinación mano-ojo y la habilidad motora gruesa del niño. E introduce el concepto de causa-efecto. Sirve asimismo para introducir conceptos como «debajo», «detrás», «delante», etc.

Explicación del juego:

Sienta al niño en el suelo y colócate sentado delante de él, a unos dos metros de distancia. Pon la pelota delante de ti y golpéala con la cuchara de madera en dirección al niño mientras dices: «¡Fíjate! Ahí va la pelota. Papá le ha dado un golpe con la cuchara. Ahora tú, Marian». Dale una cuchara y guía su

mano para que golpee la bola hacia delante. Regresa a tu sitio, para la bola y golpéala de nuevo en dirección al niño. Reclámasela para que el juego no decaiga.

Variantes

✔ Anímale a salir corriendo o gateando tras la bola (si es necesario las primeras veces dale un empujoncito) y a golpearla de nuevo hacia otro sitio. Así podrá jugar él solo un buen rato y solo te reclamará cuando la pelota se esconda debajo del sofá o detrás de algún mueble.

✔ Coge dos pelotas de tamaños y colores distintos. Siéntate delante del niño pero a cierta distancia, con las piernas abiertas. Cada uno tiene una pelota. Cuando dices «una, dos y tres», el niño te pasa rodando su pelota y tú le pasas la tuya también rodando. Si las pelotas chocan y salen disparadas, pide al niño que vaya corriendo a por ellas. También puedes probar lo siguiente: el que tiene la pelota más grande la pasa rodando por el suelo; el que tiene la pequeña la pasa por arriba, o con un bote, para evitar que choquen.

27
¿Leemos un cuento?

Qué necesitas: libros de tapa dura con dibujos sencillos o con rimas infantiles. Hay miles entre los que elegir.

Características básicas del juego:
- Es un juego de interior y exterior
- Es un juego de observación
- No ensucia

Número de participantes: uno por adulto, para que no se distraiga.

Duración: 5 – 15 minutos

Qué trabaja y aprende el niño:
Fomenta el desarrollo del lenguaje y permite al niño ampliar su vocabulario. Le anima a disfrutar de los cuentos y la lectura. Mejora su capacidad de concentración.

Explicación del juego:
Pregúntale si le apetece leer un cuento y ofrécele uno. Cuando hayas repetido varias veces esta actividad, y si el niño ya anda, es muy posible que vaya él mismo a por un libro. Sienta al niño sobre tu regazo o entre tus piernas y coloca el cuento delante de ambos. Deja que sea él el que pasa las páginas: a los niños les encanta. Si le cuesta, échale una mano. Nombra los objetos que aparecen en cada página o lee la

rima. Las primeras veces es posible que el niño esté más interesado en pasar las páginas que en escuchar el cuento. Déjale que experimente. Poco a poco empezará a interesarse por los dibujos y por lo que le cuentas. Repite varias veces el nombre del animal que aparece en la página, enséñale el ruido que hace, pregúntale luego dónde está, introduce los colores, enséñale una canción sobre dicho animal («cinco patitos se fueron a nadar...»), en fin, las posibilidades son infinitas.

Variantes

✔ Pide al niño que localice entre sus juguetes y sus cosas un objeto igual al que aparece en el libro: «¿Dónde está el osito de Biel? Biel tiene un osito como éste. ¿Sabes dónde está?». Las primeras veces tendrás que ayudarle o darle alguna pista, pero luego se levantará e irá a por él... y lo hará encantado.

✔ Cuéntale un cuento inventado por ti en el que el protagonista sea el niño. Puedes aprovechar para trabajar algún tema que tenga que ver con él: «Érase una vez un niño muy simpático que se llamaba Rubén. A Rubén le gustaba mucho la leche pero resulta que no le gustaban nada las judías verdes...».

JUEGOS PARA NIÑOS
DE 18 MESES A 2 AÑOS

1
El corro de la patata

Qué necesitas: nada

Características básicas del juego:
- Es un juego de interior y exterior
- Es un juego popular
- No ensucia

Número de participantes: mínimo 3 o 4

Duración: 10 – 15 minutos

Qué trabaja y aprende el niño:
Las canciones rimadas que se utilizan en este juego ayudan a los niños a captar los sonidos que componen las palabras y también las notas musicales, una habilidad que más adelante les será muy útil para aprender a leer y para poder apreciar la música.

Explicación del juego:
Los niños forman un corro, se cogen de las manos y empiezan a girar mientras cantan una de las canciones que listamos a continuación. En algunos hay que hacer alguna acción. Existen muchas versiones distintas:

«El corro de la patata es particular
cuando llueve se moja como los demás
agáchate, y vuélvete a agachar (todos los niños se
agachan 2 veces)
que los agachaditos no saben bailar,
h, i, j, k, l ,m, n, o,
que si tú no me quieres otra niña me querrá.

El corro de la patata
comeremos ensalada
como comen los señores
naranjitas y limones
achupé, achupé (aquí todos los niños se agachan)
sentadito me quedé (y se sientan en el suelo).

Que llueva, que llueva, la virgen de la cueva,
los pajaritos cantan, las nubes se levantan,
que sí, que no, que caiga un chaparrón, (se agachan)
con azúcar y turrón,
que se rompan los cristales de la estación
y los míos no, porque son de cartón.
Corre, corre, que te pillo (avanzan más rápido)
estirar, estirar que el demonio va a pasar (tiran de
los que tienen al lado extendiendo los brazos y
abriendo el corro)».

Variantes

✔ A la zapatilla por detrás: todos los niños menos uno se
sientan en el suelo formando un corro. El que no se ha

sentado baila alrededor del círculo con una zapatilla en la mano mientras el resto cantan la siguiente canción: «A la zapatilla por detrás, tris, tras, ni la ves ni la verás, tris, tras, tris, tras. Mira para arriba que caen judías; mira para abajo, que caen garbanzos. A la zapatilla por detrás, tris, tras». En algún momento, el que da vueltas alrededor deja caer la zapatilla detrás de alguno de los jugadores sin que los demás se den cuenta. Cuando dice ya, o cuando termina la canción, todos miran detrás. El que tiene la zapatilla, la coge, se levanta y echa a correr detrás del que la ha dejado. El que llega antes al lugar que ha quedado vacío se sienta y el que se queda de pie inicia la siguiente ronda.

2
Ring Ring

Qué necesitas: dos teléfonos de juguete

Características básicas del juego:
- Es un juego de interior y exterior
- Es un juego simbólico
- No ensucia

Número de participantes: un niño y un adulto

Duración: 5 – 10 minutos

Qué trabaja y aprende el niño:

Se trata de un juego que favorece el desarrollo verbal. Estimula el espíritu social del niño.

Explicación del juego:

Siéntate en el suelo delante del niño y coloca un teléfono junto a ti y el otro junto a él. Haz ver que llamas a tu hijo: primero marca el número y luego haz sonar el teléfono diciendo «ring, ring, ring» (si el teléfono es de los que suenan de verdad, hazlo sonar). Si el niño no coge el teléfono para responder, coge tú el auricular y pásaselo. Luego di: «Hola, ¿está Marian?». Haz ver que llevas una conversación: «Hola, ¿cómo estás? ¿Ah sí? ¿Cuándo? Vale, perfecto. Adiós, hasta mañana». La conversación debe ser breve y ágil. Cuando termines, cuelga el teléfono. Luego dile al niño que se despida y que cuelgue. Al principio es muy posible que prefiera jugar a colgar y descolgar los dos teléfonos, el suyo y el tuyo, o a hacerlos sonar una y otra vez. Pero poco a poco captará la idea y se prestará a jugar contigo.

Variantes

✔ Cuando los niños sean un poco más mayorcitos, coge dos vasitos de yogur o dos botes de cacao en polvo vacíos y haz un agujero en la base de cada uno de ellos con una broqueta o una aguja de hacer punto caliente. Coge un trozo de cuerda encerada y pasa uno de los extremos por el agujero de uno de los vasitos. Haz un nudo doble por la parte de dentro del vasito, para que la cuerda no se suelte. Luego pasa el otro extremo por el agujero del otro vasito y anúdalo igual. Ya podéis hablar por vuestro súper teléfono mágico: uno susurra algo en uno de los vasitos y el otro escucha poniéndose su vasito en la oreja. La cuerda debe mantenerse tensa para que el invento funcione. Quizás te parezca un teléfono de la prehistoria, pero a los niños les encanta.

3
Las manitas bailarinas

Qué necesitas: nada

Características básicas del juego:
- Es un juego de interior y exterior
- Es un juego de observación
- No ensucia

Número de participantes: entre 1 y 15

Duración: 5 – 10 minutos

Qué trabaja y aprende el niño:
Este juego sirve para estimular la movilidad de las manos y para desarrollar la coordinación motora, la memoria y el lenguaje. Además, refuerza los lazos afectivos.

Explicación del juego:
Coloca a los niños sentados delante de ti, en una alfombra o en una colchoneta. Es importante que puedan verte bien, ya que tendrán que imitar los movimientos que hagas con las

manos. El juego consiste en cantar una canción muy sencilla en la que las manos son las protagonistas. Se empieza con las dos manos escondidas en la espalda. La canción dice así:

«Tengo una manita y la saco a bailar, (mostramos una mano)

la cierro, la abro, la cierro, la abro, (abrimos y cerramos la mano)

y la escondo detrás (escondemos la mano detrás).

Yo tengo una manita y la saco a bailar, (mostramos la otra mano)

la cierro, la abro, la cierro, la abro (la abrimos y la cerramos)

y la escondo detrás (la escondemos).

Yo tengo dos manitas y las saco a bailar, (mostramos las dos manos)

las cierro, las abro, las cierro, las abro, (las abrimos y las cerramos)

y las hago chocar (damos palmas)».

Variantes

✔ Existe otra versión en la que aparecen todos los dedos de la mano. También empieza con las manos escondidas detrás:

«El pulgar, el pulgar, dónde está, aquí está, (mostramos el pulgar)

gusto en saludarte, gusto en saludarte (el dedo saluda inclinándose por la mitad)

ya se va, ya se va (se esconde de nuevo).

El dedo índice, el dedo índice, dónde está, aquí está
(sacamos el índice)
gusto en saludarte, gusto en saludarte (se inclina)
ya se va, ya se va (desaparece).
El dedo medio, el dedo medio, dónde está, aquí está,
gusto en saludarte, gusto en saludarte,
ya se va, ya se va.
El anular, el anular, dónde está, aquí está,
gusto en saludarte, gusto en saludarte,
ya se va, ya se va.
El meñique, el meñique, dónde está, aquí está
gusto en saludarte, gusto en saludarte,
ya se va, ya se va.
Todos los deditos, todos los deditos,
dónde están, aquí están
gusto en saludarte, gusto en saludarte,
ya se van, ya se van».

4

Pompas y más pompas

Qué necesitas: frascos con preparado para pompas, gel de
baño, lavavajillas, una tetera vieja, pajitas, cuencos.

Características básicas del juego:
- Es un juego de exterior o de cuarto de baño
- Es un juego experimental
- Ensucia un poco

Número de participantes: sin límite

Duración: 5 – 30 minutos

Qué trabaja y aprende el niño:
El niño aprende a controlar la respiración, una habilidad que le será muy útil tanto para hablar como para cantar. Es una actividad fácil y espectacular que permite al niño sentirse orgulloso de sus logros y por tanto sentirse más seguro de sí mismo.

Explicación del juego:
Compra un frasco para hacer pompas. Enseña al niño a mojar el palito en la mezcla y a soplar por el aro suavemente. Cuan-

do el frasco se termine puedes rellenarlo con una mezcla de lavavajillas y agua (una medida de lavavajillas por cinco medidas de agua). Muéstrale cómo flotan, brillan, reflejan los colores, se pegan unas a otras, cambian de forma y finalmente explotan las pompas. Déjale practicar. Te aconsejo que sujetes tú el frasco, para que no termine toda la mezcla por el suelo antes de tiempo.

Variantes

✔ Cuando llenes la bañera, añade un buen chorro de gel bajo el grifo. Se formará un montón de espuma con la que podrás confeccionar «guantes» y «calcetines» para el niño. O un helado de cucurucho sobre su puño. O montañas nevadas y volcanes escupiendo lava. Mete al niño en la bañera y deja volar la imaginación.

✔ Llena una tetera vieja o un cuenco grande con preparado para pompas o con una mezcla de lavavajillas y agua. Mete una pajita en el cuenco o por el pitorro de la tetera y pide al niño que sople con fuerza. Se formarán un montón de burbujas en la superficie.

✔ Pon agua y lavavajillas en un barreño. Añade un poco de pintura en polvo y da a cada niño una pajita para que sople dentro. Aparecerá una masa de pompas. Luego pide a cada niño que coloque una hoja de periódico sobre las pompas. Deja secar las hojas con las pompas en la parte de arriba. Diles que observen cómo van explotando poco a poco las pompas dejando una serie de círculos de colores superpuestos. El resultado queda muy bonito y puede usarse como papel para envolver regalos.

✔ Llena un cuenco de agua y deja al lado una pastilla de jabón. Da a cada niño un rollo de papel higiénico o de cocina, diles que sumerjan uno de los extremos en el agua y que luego lo restrieguen por la pastilla de jabón hasta que el agujero del extremo quede bien cubierto con una capa de esa pasta viscosa. A continuación, indícales que soplen suavemente por el tubo hasta que aparezca una pompa gigante. Si practican un poco, conseguirán pompas realmente impresionantes.

5

Arre caballito

Qué necesito: nada

Características básicas del juego:
- Es un juego de interior y de exterior
- Es un juego de estimulación
- No ensucia

Número de participantes: uno por adulto

Duración: 5 – 10 minutos

Qué trabaja y aprende el niño:
Es uno de los mejores métodos para recalcar la rima y la musicalidad de una canción. El niño capta y discrimina los

sonidos que componen las palabras y eso le será muy útil más adelante, cuando aprenda a leer y a escribir.

Explicación del juego:

Sienta al niño sobre tu regazo y mirando hacia ti. Mueve las piernas despacio, a un ritmo constante, mientras cantas la siguiente canción:

«Arre caballito, arre, burro, arre,
corre más deprisa que llegamos tarde.
Arre, burro, arre, vamos a Belén,
que mañana es fiesta y al otro también. (Al final de la canción, separa las piernas para que el niño se escurra hacia abajo y quede encajado entre ambas)».

Variante

✔ Sienta al niño sobre tu regazo, mirando hacia delante (es decir, dándote la espalda). Luego canta la siguiente canción moviendo las piernas rítmicamente: «Caballito tan monín, tu no eres ningún rocín, clip, clan, clip, clap, sin parar (cuando digas esto mueve las piernas de derecha a izquierda) y luego a casa a descansar» (cuando dices esto último, bajas las piernas de manera que formen una especie de tobogán y haces descender por ellas al niño).

6
Tiro al blanco en la nieve

Qué necesitas: un palo de esquí

Características básicas del juego:
- Es un juego de exterior, concretamente de nieve
- Es un juego de puntería
- No ensucia

Número de participantes: entre 3 y 6

Duración: 10 – 20 minutos

Qué trabaja y aprende el niño:

El juego permite desarrollar las nociones de distancia y espacio por medio de la puntería. Además ayuda al niño a familiarizarse con la nieve.

Explicación del juego:

Clava un palo de esquí en la nieve. Asegúrate de que queda bien clavado. Luego enséñales a confeccionar bolas de nieve. Hay que confeccionar unas cuantas. Traza una línea en el suelo, a cierta distancia del palo. La distancia entre el palo y los lanzadores variará según la edad y la destreza de los niños. Por turnos, cada niño lanzará tres bolas de nieve con el objetivo de derribar el palo. El niño que consiga mover un poco el palo gana un punto; el que consiga derribarlo, tres.

Variante

✔ La bola ciega: todos los participantes menos uno se disponen en círculo, confeccionan un par o tres de bolas de nieve que dejan en el suelo, junto a sus pies, y se tapan los ojos con una venda (un pañuelo, una bufanda, una braga de cuello, etc). El otro jugador se coloca en el centro del círculo. Cuando nombra a uno de los jugadores por su nombre, éste debe coger una bola de nieve y lanzarla hacia el centro guiándose por la voz del que ha hablado. El jugador del centro puede doblar y mover el cuerpo, pero sin despegar nunca los pies del suelo. Si consigue esquivar la bola, sigue en el centro. Si la bola, al pasar de largo, acaba impactando en otro de los jugadores, no pasa nada (salvo que aumenta la diversión, claro). Si la bola alcanza al jugador central, éste deberá gritar «tocado» e intercambiar su posición con la del lanzador. Es aconsejable que un adulto supervise el juego: para controlar que el del centro no haga trampas y que se nombre a todos los jugadores de forma más o menos equitativa.

7
Sigue el ritmo

Qué necesitas: tambores o algo que haga de tambor, como unas cajas de galletas o unas cacerolas. Palillos o baquetas de tambor, o algo parecido, como por ejemplo unos palillos chinos.

Características básicas del juego:
- Es un juego de interior y exterior
- Es un juego musical
- No ensucia

Número de participantes: sin límite

Duración: entre 10 minutos y 1 hora

Qué trabaja y aprende el niño:
Gracias a esta actividad el niño aprende a reconocer distintos ritmos y descubre que hay música en muchos de los sonidos que escucha a diario, por ejemplo en el tic tac de un reloj o en el ruido que hacen las olas al romper en la playa. Todo eso le permitirá apreciar y comprender mejor la música.

Explicación del juego:
Antes de realizar esta actividad, es importante que el niño se familiarice con distintos sonidos y ritmos cotidianos: haz que se fije en los ruidos del tráfico, en el piar de los pájaros por

la mañana, en el rugido de la aspiradora. Coloca su mano sobre la lavadora cuando ésta esté centrifugando, para que note cómo vibra.

Cuando ya se haya familiarizado con varios sonidos, pon algo de música y enséñale a seguir el ritmo con las palmas, golpeando el suelo con los pies o tarareando. A continuación, fabrica con él un tambor. Con una caja de galletas y unos palillos chinos bastará. Deja que compare el ruido que hace la caja con el que hace una cacerola. Si el ruido te parece insoportable, en lugar de un tambor utiliza una pandereta. Si tu hijo disfruta, puedes comprarle un pequeño tambor africano, ya que su sonido resulta bastante agradable, o un tambor de juguete.

Variantes

✔ Las canciones de música pop suelen tener un ritmo muy marcado y pocas notas, por lo que resultan ideales para que los niños pequeños las bailen y las canten. Enséñale a moverse al compás de la música y a expresar el ritmo con todo su cuerpo. Dale un pequeño colador y dile que puede usarlo como micrófono. Si ves que disfruta, deja que se disfrace de mega estrella de pop.

8

Mamá, necesito unos zapatos nuevos

Qué necesitas: zapatos y cajas de zapatos vacías, una cartulina y un lápiz, un calzador, una caja registradora, dinero (de broma o unas cuantas monedas pequeñas, las que te gastarías comprando el dinero de broma), monederos, bolsas de plástico y recibos viejos.

> **Características básicas del juego:**
> * Es un juego básicamente de interior
> * Es un juego simbólico
> * No ensucia, pero desordena

Número de participantes: entre 1 y 4 niños

Duración: 30 minutos – 1 hora

Qué trabaja y aprende el niño:
El niño aprende a revivir experiencias y a expresar lo que siente y lo que piensa a través del juego. A ponerse en la piel de otro, a fingir que es otra persona. Además, le ayuda a experimentar y a descubrir el porqué de las cosas.

Explicación del juego:
Para el niño jugar a las zapaterías no tendrá sentido si no ha ido nunca a comprarse unos zapatos. Aprovecha una visita a la zapatería para introducir el juego. Lo primero que debes hacer es recrear la zapatería: coloca varios zapatos en una

estantería, o sobre una caja de cartón. Y junto a ésta varias sillas de su tamaño, o un silloncito. Deja en un rincón varias cajas de zapatos vacías, o con uno de los zapatos del par, y varias bolsas de plástico (para colocar las ventas). Luego coloca la caja registradora sobre una mesita, con parte del dinero dentro. Coge la cartulina y dibuja plantas de pie de distintos tamaños, unas dentro de otras. Mete en el monedero de los compradores el resto del dinero. Reparte los papeles. El que hace de vendedor está en la tienda, colocando los zapatos y limpiando un poco. Llega un comprador y le dice que necesita unos zapatos nuevos. El vendedor le muestra los zapatos que tiene y luego le mide el pie con la cartulina medidora, para saber qué número necesita. Luego le ayuda a probarse varios pares; puede utilizar el calzador. Cuando el comprador finalmente se decida por un par, el vendedor lo meterá en la caja correspondiente, guardará la caja en la bolsa y le cobrará dándole un recibo. Luego los niños intercambian los papeles. Las primeras veces es mejor que tú desempeñes uno de los papeles o que les guíes y les ayudes un poco.

Variantes

✔ De compras al supermercado: reúne envases vacíos o alimentos de plástico, carros y cestos de la compra, una caja registradora, dinero y bolsas de plástico. Recrea un supermercado, la tienda de la esquina o un puesto del mercado (el lugar donde suelas ir de compras con el niño), y a jugar.

✔ Hoy cocino yo: coloca la cocinita en el centro de la habitación, saca los cacharros y la comida de plástico, ponle un delantal y pídele que te prepare un menú exquisito porque tienes invitados a cenar. Cuando haya terminado, no olvides probar los platos.

✔ Si hace poco que ha ido al pediatra a hacerse una revisión o porque estaba malito, podéis jugar a los médicos: consigue un estetoscopio de plástico o confecciona uno, utiliza los palos de madera de los polos como depresores (ya sabes, para hacer eso de «a ver di "aaaa"»), enséñale a pesar y a medir, etc.

9
¡Quiero un helado!

Qué necesitas: moldes de plástico para confeccionar polos, hueveras o bandejas de cubitos de hielo, agitadores de plástico (a veces vienen con los moldes) o palitos de madera, una jarra, zumo de fruta.

Características básicas del juego:
- Es un juego de interior (aunque el resultado puede comerse en el exterior)
- Es un experimento
- Ensucia

Número de participantes: entre 1 y 5, para que la actividad no se descontrole demasiado.

Duración: 10 – 20 minutos para prepararlos; el tiempo necesario para que se congelen.

Qué trabaja y aprende el niño:
Que los líquidos se congelan y pasan a ser sólidos cuando se meten en el congelador. A seguir instrucciones sencillas y a confeccionar un alimento que luego pueden comerse. A sentirse orgullosos de sus logros.

Explicación del juego:
Echa el zumo en una jarra, sin llenarla hasta arriba. Enséñales a verterlo con cuidado y sin prisas en los moldes que vayáis

a utilizar. Luego pídeles que coloquen un bastón en cada molde. Si utilizas agitadores de cóctel y te parece que son demasiado finos, átalos de dos en dos. Deja que metan un dedo en el molde, para comprobar la textura del líquido. Luego mete los moldes en el congelador. Al día siguiente saca los moldes y deja que comprueben la nueva textura del zumo. Ofrece un polo a cada niño. Remarca que se están comiendo algo que han confeccionado ellos mismos.

Variantes

✔ En lugar de utilizar moldes para polos, usa una bandeja de cubitos de hielo o una huevera de plástico, y fabrica mini helados.

✔ Confecciona unos cuantos mini helados de cada sabor usando zumos de distintos sabores y luego deja que los comparen y que cada niño diga cuál le ha gustado más.

✔ Utiliza la actividad para que tu hijo colabore en los preparativos de su cumpleaños: él se encargará de fabricar los polos para sus invitados.

10
Cerezas al cerezo

Qué necesitas: una pelota grande que sea blandita.

Características básicas del juego:
• Es un juego de exterior
• Es un juego de puntería
• No ensucia

Número de participantes: entre 6 y 10 niños

Duración del juego: entre 20 minutos y 1 hora

Qué trabaja y aprende el niño:
Sirve para mejorar el equilibrio, el sentido de la percepción y la orientación espacial.

Explicación del juego:

Uno de los niños se coloca en el centro con los brazos extendidos como si fueran las ramas del cerezo. El resto de jugadores son las cerezas y se cogen a las ramas por los dedos del que hace de árbol (cada niño se coge a un dedo de la mano). Cuando todos están colocados, el cerezo pregunta: «¿Estáis todos listos?». Cuando los demás responden que sí, el árbol empieza a contar hasta cinco. Mientras cuenta, las cerezas se alejan rápidamente del árbol. Al llegar a 5 el cerezo grita: «¡Cerezas al cerezo!», y el resto de jugadores deben parar en seco allí donde se encuentren y en la postura en la que estén. El árbol coge la pelota del suelo y decide a por qué cereza va. Da tres pasos en dirección a ella y le lanza la pelota. Si consigue darle, ésta pasa a ser el nuevo cerezo; si no consigue darle, el lanzador puede dar tres pasos más y lanzar a otra cereza. Si tampoco consigue darle, vuelve a ser el cerezo. Si tras dos partidas el cerezo no ha conseguido tocar a ninguna cereza con el balón, sorteamos entre todas las cerezas quién será el árbol en la siguiente ronda.

Variantes

✔ Cuando los niños sean un poco más mayores podemos probar la versión siguiente: el árbol en lugar de tener una pelota lleva los ojos vendados. Después de decir lo de «cerezas al cerezo» debe intentar que todas las cerezas vuelvan al cerezo; para ello debe tocar su cabeza con las manos. El árbol avanzará a ciegas por entre los niños con los brazos extendidos e irá pillando a los jugadores, que no pueden mover los pies. El último en regresar al árbol es el ganador y tendrá el honor de ser el nuevo cerezo. Para ayudar al árbol, el resto de participantes pueden darle indicaciones: «Más a la derecha», «Frío, frío», «Caliente, caliente, casi te quemas».

✔ También podemos usar una pelota pequeña, para obligar a los niños a afinar su puntería.

11
La caja fantástica

Qué necesitas: cajas de cartón grandes; pinceles y pintura para decorarlas (opcional)

Características básicas del juego:
- Es un juego de interior y de exterior
- Es un juego simbólico
- No ensucia (si se opta por decorar la caja, sí ensucia)

Número de participantes: entre 1 y 3

Duración: 20 minutos – 1 hora

Qué trabaja y aprende el niño:
Estimula la imaginación del niño y le ayuda a sociabilizar con otros niños.

Explicación del juego:
Los niños pequeños sienten una gran atracción por las cajas

porque les ofrecen un sinfín de posibilidades. Pueden imaginar que es un tractor o una nave espacial, o esconderse dentro como si fuera una cueva secreta. Para que el juego resulte más realista, pueden pintarlas o decorarlas a su gusto, incluso hacerles orificios o darle una forma determinada.

Así, por ejemplo, pueden confeccionar un avión muy real: consigue seis cajas de cartón grandecitas: cuatro cuadradas y dos alargadas. Para confeccionar el fuselaje, coloca las cuatro cajas cuadradas en fila, las tres últimas abiertas por arriba y la primera abierta por abajo. La primera será el morro del avión; si quieres, para que resulte más realista, deja la solapa de delante abierta y recórtala en forma de triángulo. En la segunda caja puedes dibujar los paneles de mando e incluso colocar una palanca para el despegue y el aterrizaje. Coloca las otras dos cajas, las alargadas, al lado de la segunda caja: serán las alas del avión. Si quieres, decóralo: dibuja las ventanillas, el logotipo de la compañía, etc. El avión está listo para despegar. Di a los niños que suban de un salto a bordo y empieza la cuenta atrás: «Entrando en la pista de despegue. Abróchense los cinturones que vamos a despegar». Cada vez pilotará uno de los niños.

Variantes

✔ A los niños pequeños les encanta esconderse en espacios reducidos. Fabrica una tienda de campaña cubriendo la mesa de la cocina con una sábana grande y colocando en el suelo unos cuantos cojines. O corriendo un poco el sofá y colocando los cojines entre éste y la pared. O colgando una cortina corredera que caiga desde la litera más alta y cubra la litera más baja. Les tendrás entretenidos un buen rato.

12
Amasar y amasar

Qué necesitas: harina sin levadura, sal, agua, aceite, crémor tartárico, colorante alimenticio, un cazo para preparar la masa, un rodillo de cocina, cuchillos de plástico sin afilar, cortadores de masa, palitos de piruletas, varios objetos duros, un colador.

Características básicas del juego:
- Es un juego de interior
- Es un juego experimental
- Ensucia bastante

Número de participantes: entre 2 y 6

Duración: 20 minutos – 1 hora

Qué trabaja y aprende el niño:
El niño aprende a elaborar figuras tridimensionales de un modo sencillo y divertido. Mejora el control de los dedos y la coordinación manual y visual.

Explicación del juego:
La masa para modelar casera resulta ideal para los más pequeños: es lo bastante blanda como para que puedan manipularla y estrujarla con las manos, y lo bastante firme como para poder modelarla. Sin embargo, no sirve para confeccionar figuras duraderas.

Preparación de la masa: para hacer la masa, mete en un cazo dos tazas de harina sin levadura, una taza de sal, una taza de agua, dos cucharadas de aceite y dos cucharaditas de crémor tartárico (esto último hace que dure más tiempo). Pide a los niños que te ayuden a medir la cantidad de harina y sal, a añadir el agua y a amasar la mezcla con las manos. Les encantará participar en el proceso. Una vez bien amasada, calienta la masa en el fuego. Es mejor dar la masa a los niños cuando todavía está ligeramente caliente. Una vez utilizada, guárdala en una bolsa de plástico. Si quieres que la masa tenga un color determinado, añade un poco de colorante alimenticio al agua antes de mezclarla con la harina. Si prefieres conseguir una masa con vetas de colores, para variar, añade el colorante alimenticio cuando estés trabajando la masa.

Una vez preparada la masa, dale un trozo a cada niño y enséñales a jugar con ella: pueden hacer formas, pasar por encima un rodillo de cocina para aplanarla, dibujar en ella con unos palitos de piruleta, cortarla con un cuchillo de plástico, confeccionar churritos haciéndola rodar, etcétera.

Variantes

✔ Dales unos cuantos objetos pesados y con relieve, diles que los presionen contra la masa y que luego observen el resultado. Enséñales a pasar la masa por una malla gruesa, como la de un colador metálico, para obtener fideos. Y a hacer figuras con moldes de plástico o metálicos.

✔ Varía la textura de la masa: si le añades más aceite la masa quedará más sedosa; si la haces con levadura, la masa quedará más hinchada.

13
Los caracoles olímpicos

Qué necesitas: un día de lluvia, caracoles, un cubo, una hoja de plexiglás, dos sillas, algún libro que hable sobre la naturaleza (adaptado a su edad)

Características básicas del juego:
- Es un juego de interior y exterior
- Es un juego de observación
- Ensucia un poco

Número de participantes: entre 2 y 6 jugadores

Duración: 10 – 20 minutos

Qué trabaja y aprende el niño:
El niño aprende a descubrir y a observar la naturaleza. Dado que se trata de una carrera, empieza a practicar eso que tanto les cuesta a los niños: aprender a perder. Pero como el que pierde o gana no es él directamente, si no su caracol, le cuesta menos aceptarlo.

Explicación del juego:
Es perfecto para los días de lluvia. Cuando deje de llover sal con los niños al jardín, o a dar una vuelta por la calle, con un cubo. Recoge unos cuantos caracoles con su ayuda. Luego coge una hoja grande de plexiglás y colócala entre dos sillas (del asiento de una al asiento de la otra). Dibuja sobre el ple-

xiglás la línea de salida y la línea de llegada. Pide a los niños que escojan un caracol y lo coloquen tras la línea de salida. A la de tres empieza la carrera. Gana el caracol que pase primero por la línea de llegada, o el que más se acerque a ella pasado un tiempo determinado. Para animarles a competir, puedes poner en la meta una hojita de lechuga o un poco de cerveza.

Variantes

✔ Coloca varios cojines en el suelo, bajo el plexiglás, para que los niños puedan tumbarse en ellos boca arriba y observar a los caracoles por abajo. Explícales que esas protuberancias que ven se llaman seudopodios y que son las encargadas de segregar las babas que dejan por el camino.

✔ Coloca los caracoles sobre el cristal de una ventana y deja que los niños observen cómo se mueven y cómo son por debajo.

✔ Muéstrales algún libro que hable sobre caracoles y babosas. Explícales las diferencias que hay entre ambos y algunas curiosidades sobre ellos.

14

Un barquito de cáscara de nuez

Qué necesitas: un charco o barreño, para que puedan meter los barquitos y hacerlos navegar; cartulinas de diversos colores, para las velas; envases de yogur, limpios y vacíos; pegatinas, rotuladores, palitos de piruletas o agitadores de plástico para cócteles, tijeras, pasta adhesiva, tapones de corcho o piedras pequeñas.

Características básicas del juego:
- Juego básicamente de exterior, aunque también puede practicarse en interior
- Es una manualidad
- Ensucia un poco

Número de participantes: entre 2 y 6

Duración: 20 minutos – 2 horas

Qué trabaja y aprende el niño:
Esta actividad mejora la coordinación manual y visual. Además, le enseña a participar en un proceso largo, que va desde la confección del barco hasta el acto de hacerlo navegar. Jugando con algo que ha confeccionado él mismo aprende asimismo qué materiales flotan y qué materiales se hunden, y cómo influye el viento en la navegación.

Explicación del juego:

Coge las cartulinas, dibuja una vela de cada color y recórtalas (si los niños saben recortar, pueden hacerlo ellos). Luego pide que decoren su vela con pegatinas o con rotuladores. Haz dos agujeros en cada vela: uno en la parte de arriba y otro en la de abajo. Pasa el mástil (el palito de la piruleta o el agitador) a través de los dos agujeros. Coloca un poco de pasta adhesiva (tipo blue-tack) en el interior del vasito de yogur y pega el mástil, en el centro. Luego añade un poco de peso a la base metiendo dentro del vasito unos tapones de corcho o algunas piedrecitas. El barco está listo para la travesía inaugural. Deja que cada niño meta su barco en el agua. Pueden dejarlo navegar libremente o hacer una carrera. También pueden meterlo en un riachuelo o canal, a un lado del puente, y observar cómo desaparece primero y cómo reaparece luego por el otro lado.

Variantes

✔ Cuando estéis en el parque o en la montaña, busca un riachuelo o canal, pide a los niños que busquen ramitas o hojas grandes, que las dejen sobre el agua y que observen cómo los arrastra la corriente: les encantará ver cómo saltan, pasan bajo los puentes y hacen bucles.

✔ Explícales que vais en un barco mercante y que de repente aparece un barco pirata que os persigue: represéntalo con los barquitos o las ramitas. Si están en la bañera les resultará muy fácil meterse en el papel y participar en la historia.

15
El saltimbanqui

Qué necesitas: una escalera, una cama o un sofá; cojines y almohadas; un edredón nórdico.

Características básicas del juego:
- Es un juego básicamente de interior, aunque también puede practicarse en el exterior
- Es un juego de habilidad
- No ensucia

Número de participantes: entre 2 y 6

Duración: 10 – 20 minutos

Qué trabaja y aprende el niño:
Con esta actividad el niño aprende a controlar la respiración y mejora su forma física. Además resulta ideal para sociabilizar con otros niños y para mejorar su concepción del espacio.

Explicación del juego:
Coloca al pie de una escalera un edredón nórdico bien gordito y encima un montón de cojines mulliditos. Deja que los niños salten libremente, pero limita el número de escalones que pueden saltar de golpe para evitar posibles accidentes o roturas. Está claro que debes vigilarlos de cerca todo el rato y controlar que salten de forma ordenada y cuando el niño anterior se haya apartado. Si no dispones de escalera, deja

que salten desde la cama o el sofá. Cada poco rato recoloca el edredón y los cojines. Y no olvides apartar cualquier objeto potencialmente peligroso.

Variantes

✔ Busca un muro bajo cerca de tu casa o en el parque. Deja que los niños anden por encima del muro cogidos de tu mano. Cuando lleguen al final, ayúdales a bajar dando un gran salto.

✔ Coloca en el jardín un tablón de madera (puedes usar una vieja estantería) apoyado sobre un par de ladrillos. Explícales que deben cruzar ese puente para llegar al otro lado del río. Deja que lo atraviesen y anímales a saltar cuando lleguen al final.

✔ En la playa o en el arenero del parque dibuja una línea en el suelo. Diles que cojan carrerilla y que salten todo lo lejos que puedan desde la línea. Puedes organizar una competición de salto de longitud en toda regla.

16

Bolos de colores

Qué necesitas: botellas de plástico con tapón de rosca, agua, colorante alimenticio, una pelota, cola para madera diluida; pinturas y pinceles o rotuladores (para decorarlos).

Características básicas del juego:
- Es un juego de interior y de exterior
- Es un juego de puntería
- Ensucia más o menos dependiendo del sistema elegido para decorar los bolos

Número de participantes: entre 2 y 6

Duración: 10 – 20 minutos

Qué trabaja y aprende el niño:

Trabaja la puntería y la precisión del niño, así como su conocimiento del espacio y su destreza manual. Le muestra la relación causa-efecto.

Explicación del juego:

Confecciona unos originales bolos caseros con unas cuantas botellas de plástico. Es mejor que las botellas sean todas iguales. En total necesitarás 10. Rellénalas de agua y añade un poco de colorante alimenticio. Puedes confeccionar 2 de cada color. La cantidad de agua dependerá de la pelota que vayas a utilizar y de la edad de los niños. Cuanto menos pese el bolo, es decir, cuanta menos agua tenga, más fácil resultará tumbarlo y menos fuerte deberá ser el lanzamiento.

Coloca los bolos poniendo cuatro en línea, luego tres delante también en línea, luego dos y luego uno. Dibuja una línea a unos tres metros de los bolos (la distancia dependerá de la edad de los niños y de su pericia) y pide a los niños que se coloquen detrás de ella en fila. Deberán lanzar la bola por turnos haciéndola rodar. El objetivo es derribar todos los bolos con el mínimo número de lanzamientos.

Variantes

✔ Los niños pueden decorar los bolos: cúbrelos con una capa de cola para madera diluida (una parte de cola y cuatro de agua) para que la pintura se pegue. Deja secar la cola, coloca las pinturas sobre la mesa y deja que saquen al artista que llevan dentro.

✔ Coge dos bolas y deja que cada niño realice dos lanzamientos. Luego anota el número de bolos que ha derribado. Se hacen un total de cinco rondas y luego se cuentan los bolos que ha derribado cada niño en total. Gana el que más bolos haya derribado.

17
Mira cómo sopla el viento

Qué necesitas: un día de viento; papel, globos, un poco de arroz, molinillos de viento.

Características básicas del juego:
- Es un juego de exterior
- Es un juego experimental
- No ensucia

Número de participantes: sin límite

Duración: 15 minutos – 2 horas

Qué trabaja y aprende el niño:
El niño aprende a prestar atención y a observar la naturaleza, y comprende de forma práctica la ley de causa y efecto. Además, vive nuevas experiencias que le enriquecen como persona.

Explicación del juego:
Antes de salir de casa hincha un globo para cada niño. Mete

unos cuantos granos de arroz dentro del globo, para modificar su forma de moverse, y átaselo con una cuerda a la muñeca para que no salga volando con la primera ráfaga de viento. Una vez al aire libre los globos se agitarán y se moverán en todas direcciones intentando soltarse. Diles que observen lo que hace el globo cuando ellos corren, saltan, se mueven haciendo zigzag, etc. Luego pídeles que corran con los brazos bien abiertos sintiendo el viento en la cara. También puedes atar un par de globos en la rama de un árbol, cada globo de un color, y dejar que los niños observen su baile errático.

Variantes

✔ Observa con los niños los remolinos que hace el viento en una charca o la espuma que forman las olas al romper.

✔ Enséñales un método muy sencillo para saber por qué lado sopla el viento: diles que se mojen el dedo y lo eleven; el lado por donde noten más frío indica la dirección desde la que sopla el viento.

✔ Da una bolsa de plástico a cada niño, diles que la cojan por las asas y que intenten «atrapar» el viento. Se trata de conseguir que el viento hinche la bolsa y la arrastre hacia arriba o hacia un lado.

✔ Enséñales a confeccionar un barco de papel. Deja que lo haga navegar en un estanque o charca.

✔ Ofrece a cada niño un molinillo de viento y diles que lo observen: ¿Gira lo pongan como lo pongan o deben orientarlo hacia un lado determinado? ¿Qué pasa con los colores? Luego pueden dejarlo clavado en una maceta de casa que se vea a través de la ventana. También puedes enseñarles a confeccionar un molinillo de viento antes de salir de casa.

Instrucciones para confeccionar un molinillo de viento:

1. Dibuja en una cartulina un cuadrado de 15 cm de lado.
2. Recorta el cuadrado y traza, desde cada esquina y con la ayuda de una regla, una línea en diagonal hasta la mitad (es decir, las líneas no deben alcanzar la parte central del cuadrado).
3. Corta las cuatro diagonales que has trazado. Recuerda que no debes llegar hasta el centro.

4. De las ocho puntas que ahora tiene el cuadrado, debes juntar cuatro en el centro. Para ello debes doblarlas hacia el centro, una sí y una no. Pégalas en el centro con un poco de cola blanca. Cuando tengas las cuatro puntas superpuestas en el centro, asegúralas con un alfiler.

5. Luego fija el molinillo a la pajita o bastón con el mismo alfiler. A continuación debes colocar un botón, para que el molinillo pueda girar libremente.

6. Finalmente pon un poco de plastilina o un trozo de goma de borrar en la punta del alfiler, para que no se desmonte y para evitar posibles pinchazos.

18
El muñeco de nieve

Qué necesitas: nieve, una bufanda, un sombrero, una zanahoria, dos botones grandes, una pipa, una escoba vieja o un palo.

Características básicas del juego:
- Es un juego de exterior
- Es una manualidad
- No ensucia (pero moja)

Número de participantes: sin límite

Duración: 15 – 45 minutos (hasta que el muñeco esté listo)

Qué trabaja y aprende el niño:

El objetivo básico de la actividad es que el niño se familiarice con la nieve y deje volar la imaginación. Además sirve para mejorar la destreza manual y para relacionarse con otros niños.

Explicación del juego:

La nieve caída en el jardín de nuestra casa, en la calle, en el parque o en el patio del colegio puede ser suficiente para confeccionar un divertido muñeco de nieve. Los muñecos de nieve tradicionales que ilustran la mayoría de cuentos y dibujos infantiles están hechos con dos bolas de nieve, una de mayor tamaño para el cuerpo y otra menor para la cabeza. Se complementan con una zanahoria que hace las veces de nariz, dos botones que hacen de ojos, un sombrero y una bufanda vieja. Pero se trata de usar la imaginación, así que las posibilidades son infinitas.

Variantes

✔ Si el grupo de niños es grande, prueba a construir una familia entera de muñecos de nieve: mamá muñeco de nieve, papá muñeco de nieve, hijo muñeco de nieve e hija muñeca de nieve. Varía el tamaño y los complementos y luego haz una foto de grupo en la que salgan todos los muñecos de nieve y todos los niños, para que conserven un bonito recuerdo de ese día.

✔ Deja que confeccionen una hermosa tarta de cumpleaños de nieve: pueden decorarla con hojas, palitos, piedras..., con cualquier cosa que se les ocurra.

✔ Organiza un concurso de figuras de animales: el que haga

el animal de nieve más bonito y original, gana el concurso. Los propios niños pueden hacer de jurado y votar el que más les gusta.

19
Viva el reciclaje

Qué necesitas: envases de todo tipo, cuerda, lana, adhesivos, pegatinas, tijeras, cinta aislante de colores, cola para madera, cinta adhesiva, almohadillas adhesivas, sujetapapeles, gomas elásticas, papel de seda o de charol, cartulinas, papel de aluminio, retales de tela, tapones de corcho y plástico, cajas de zapatos, rollos de papel higiénico, rotuladores...y una caja de cartón grande para guardarlo todo.

Características básicas del juego:
- Es un juego de interior
- Es una manualidad
- Ensucia

Número de participantes: entre 1 y 3 por adulto

Duración: 30 minutos – 1 hora

Qué trabaja y aprende el niño:
El niño aprende a observar las cosas y a considerar distintas posibilidades. A desarrollar la imaginación, a planear una actividad y a trabajar con un objetivo en mente. Esta actividad

mejora asimismo la agilidad de los dedos y la destreza manual en general.

Explicación del juego:

Coge la caja en la que guardas todos los utensilios y trastos para realizar manualidades. Debes guardar en ella cualquier cosa que pueda serte útil y enseñar a tus hijos a hacer lo mismo. Deja que el niño rebusque en la caja y decida lo que va a utilizar. Luego deja la caja a un lado, porque si tiene demasiadas cosas delante le costará centrarse y empezar. Si no sabe qué hacer, sugiérele alguna idea: puede hacer un cohete, un monstruo sicodélico o una ciudad entera. Dibújasela para que tenga una imagen clara de lo que va a construir. Si necesita algo más adelante, puede acercarse a la caja de nuevo o pedirte ayuda. Quédate cerca por si te necesita. Ayúdale a encolar y a recortar.

Algunos trucos útiles

1. Si quieres pegar un rollo de papel higiénico sobre una superficie, realiza cuatro cortes en uno de los extremos del rollo y dobla las lengüetas hacia fuera: conseguirás una mayor superficie de contacto para encolar.

2. La mayoría de estructuras se sujetan mejor si se construyen sobre una base de cartón rígido.

3. La cola de carpintero pega mejor que la cola normal. Se puede diluir con un poco de agua.

4. La cinta adhesiva o aislante puede usarse para pegar, para reforzar y para sujetar las cosas en su sitio mientras se secan o se acaba de montar la estructura.

5. Las almohadillas adhesivas que pegan por las dos caras

resultan muy útiles para los bordes o las esquinas difíciles.

6. Existen tijeras para zurdos, para niños pequeños o para recortar con formas distintas.

7. Si a tu hijo se le rompe algún juguete, guarda las piezas que puedan aprovecharse: ruedas, ejes, escaleras, etc.

20
El árbol de los deseos

Qué necesitas: trozos de cinta, tiras de alguna sábana de algodón vieja o etiquetas de papel, de color blanco; rotuladores, a poder ser de los que pueden lavarse; un árbol con ramas bajas o una caña de bambú.

Características básicas del juego:
- Es un juego de exterior
- Es un juego popular japonés
- En principio no ensucia, aunque depende del tipo de rotuladores

Número de participantes: sin límite

Duración: 15 minutos – 30 minutos

Qué trabaja y aprende el niño:
Aprende cosas de otras culturas, en este caso la japonesa. Además el niño practica la escritura o el dibujo, piensa en el futuro y disfruta de un acontecimiento social.

Explicación del juego:

Este juego proviene de una tradición japonesa muy bonita. Cada 7 de julio en Japón se celebra el día de Tanabata o festividad de las estrellas. Esta fiesta tiene su origen en una leyenda china que los japoneses adoptaron hace cientos de años. Dice así:

«Shokujo era la hija de Tentei, el Señor del Cielo. Vivía con su padre al este de la Vía Láctea y se pasaba la vida tejiendo. Pero un buen día se enamoró de un pastor llamado Kengyuu, que vivía al otro extremo de la Vía Láctea. Shokujo se casó con Kengyuu y descuidó su tarea de tejedora. Entonces Tentei se enfadó y decidió castigarla: le dijo que solo podría ver a su marido una vez al año, durante la séptima noche del séptimo mes. Esa noche, si había tejido todo lo que tenía que tejer, el barquero de la luna la conduciría junto a su marido. Pero solo si lo había tejido todo. De lo contrario Tentei haría que lloviera y se inundara el río (o sea la Vía Láctea), para que la barca no pudiera llevarla hasta él».

Ese día, los japoneses, tanto los niños como los adultos, piden un deseo, lo anotan en una cinta y cuelgan la cinta en el árbol de los deseos. Según la tradición, y siguiendo la leyenda, si esa noche no llueve, todos los deseos se cumplirán; si llueve, habrá que esperar al año siguiente.

Reparte las cintas y los rotuladores entre los niños. Pídeles que anoten su deseo. Los más mayorcitos pueden escribir de verdad; los más pequeños pueden hacer un garabato o un dibujo que represente su deseo (después de todo se trata de un árbol mágico, ¿no?). Luego deja que los niños se acerquen al árbol y aten su cinta a una rama. Ayuda a los más pequeños. Cuando todo el mundo haya atado su cinta podéis cantar y bailar alrededor del árbol. Sirve cualquier canción y cualquier baile. Prueba con la siguiente:

«Hey, boggie, boggie, hey (giramos alrededor del árbol)

hey, boggie, boggie, hey (seguimos girando alrededor del árbol)

hey, boggie, boggie, hey (ídem)

y ahora picamos de manos (paramos y damos palmas)

con la mano dentro, con la mano fuera (la mano dentro del círculo y luego fuera)

con la mano dentro y la hacemos girar (de nuevo dentro y la hacemos girar)

bailamos boggie, boggie (meneamos el cuerpo)

media vuelta ya (giramos sobre nosotros mismos)

y ahora picamos de manos (damos palmas).

(Luego vamos cambiando las acciones)

Con la pierna dentro, con la pierna fuera

con el codo dentro, con el codo fuera

con el pelo dentro, con el pelo fuera

con la lengua dentro, con la lengua fuera

con el culo dentro, con el culo fuera».

21
El túnel de lavado

Qué necesitas: los niños deben ir bien equipados, con ropa impermeable, ya que deberán arrastrase por la nieve.

Características básicas del juego:
- Es un juego de exterior
- Es un juego simbólico
- No ensucia, pero moja

Número de participantes: entre 7 y 13

Duración: 15 – 30 minutos

Qué trabaja y aprende el niño:
Esta actividad desarrolla la psicomotricidad y el sentido de la cooperación. Permite al niño familiarizarse con la nieve.

Explicación del juego:
Todos los participantes menos uno se colocan de rodillas repartidos en dos filas, unos frente a otros. Deben formar un pasillo de unos dos metros de ancho. El jugador restante pasa por el pasillo andando a gatas: es el automóvil. Los miembros de la cadena de lavado adoptarán distintas funciones por parejas. Las parejas estarán formadas por uno de una fila y por el que está justo delante en la otra fila. La primera pareja se encargará de la aspersión y arrojará nieve sobre el vehículo; la segunda del frotado, y frotará nieve enérgicamente sobre la carrocería; y la tercera se encargará del secado y quitará toda la nieve del cuerpo del jugador. Si hay más parejas, se reinicia el proceso de aspersión, frotado y secado, para que el vehículo salga de la cadena de lavado de lo más reluciente. Luego el que hacía de automóvil se coloca en el primer puesto de la cadena de lavado, sustituyendo al nuevo coche.

Variantes

✔ En lugar de un túnel de lavado puede tratarse de una planta de reciclaje o del túnel de las sorpresas: primero lo cubren de nieve, luego le hacen cosquillas, luego lo limpian y finalmente le dan un beso.

✔ En lugar de ir a gatas, el automóvil repta, o se tumba en el suelo boca arriba y se arrastra, o avanza a la pata coja o dando saltos.

22
La pequeña arañita

Qué necesitas: Nada

Características básicas del juego:
- Es un juego de interior y exterior
- Es un juego musical de observación
- No ensucia

Número de participantes: entre 2 y 10

Duración: 5 – 15 minutos

Qué trabaja y aprende el niño:

A los niños pequeños les resulta mucho más fácil seguir una canción si ésta va acompañada de gestos, porque les sirven de guía. Aprenden a recordar una secuencia de acciones asociada a unas palabras y una melodía determinadas, y a distinguir el ritmo. Y cuando consiguen realizar la secuencia correctamente se sienten muy orgullosos y eso aumenta su autoestima.

Explicación del juego:

El juego es muy sencillo. Sienta a los niños delante de ti, para que puedan verte bien, y luego enséñales la canción con las acciones correspondientes. Empieza con una canción sencillita y luego podrás introducir otras más difíciles. Sirve cualquier canción que conozcas y que vaya acompañada de gestos. Una que les gusta mucho es la de la pequeña arañita:

«La pequeña arañita
subió el canalón (juntan el pulgar de una mano con el índice de la otra y luego el otro pulgar con el otro índice realizando un movimiento ascendente),
cayó un chaparrón (sacuden las manos con los dedos hacia abajo),
dio un resbalón (mueven las manos de atrás hacia delante),
vino el sol y la lluvia se secó (describen un semicírculo con las dos manos),
y otra vez la araña el canalón subió (repiten la primera acción)»

Variantes

«Chocaron dos coches (chocan los dos puños)
la gente así (con las manos hacia arriba juntas los dedos)
llamaron al guardia (llaman con la mano)
qué pasa aquí (un dedo de bigote y el índice de la otra mano extendido)
se abrió una ventana (la mano sobre un ojo y la levantan)

se abrió la otra (la mano sobre el otro ojo y la levantan)
llamaron al timbre (se tocan la nariz con el índice)
y salió la loca (una mano a cada lado de la cara, mueven los dedos y sacan la lengua).»

«Bate palmas si te sientes muy feliz, (dan dos palmadas)
bate palmas si te sientes muy feliz, (dan dos palmadas)
si te sientes muy contento, no lo dudes ni un momento,
bate palmas si te sientes muy feliz (dan dos palmadas).»

«Pisa fuerte si te sientes muy feliz, (pisan fuerte con
un pie y luego con el otro)
grita 'hurra' si te sientes muy feliz, (gritan hurra todo
lo fuerte que pueden)
mueve un brazo si te sientes muy feliz, (hacen rotar un
brazo)
salta alto si te sientes muy feliz (saltan tan alto como
pueden).»

Susan Benjamin

JUEGOS PARA NIÑOS DE 2 A 3 AÑOS

1
Mira quién baila

Qué necesitas: música

Características básicas del juego:
- Es un juego de interior y de exterior
- Es un juego de expresión corporal
- No ensucia

Número de participantes: entre 2 y 6

Duración: 10 – 30 minutos

Qué trabaja y aprende el niño:
Saber interpretar el movimiento de otra criatura es el primer paso para poder interpretar un sonido musical en movimiento. Así pues, con esta actividad el niño será consciente de su cuerpo y de cómo interpretan los demás sus movimientos. Y aprenderá a planear lo que va a hacer y a realizar lo planeado. Además, aprenderá a seguir el ritmo.

Explicación del juego:
Pon algo de música. Anima a los niños a andar y moverse de distintas formas al compás de la música: pueden saltar como

las ranas, avanzar sigilosamente como si fueran gatos, deslizarse como las serpientes, brincar como un bufón de la
corte, danzar como bailarinas, avanzar como locomotoras,
galopar como caballos o bailar como los egipcios. Enséñales
los movimientos uno a uno y luego deja que los repitan libremente y a su manera. Lo importante es que aprendan a seguir
el ritmo haciendo todo tipo de movimientos.

Variantes

✔ Coloca a los niños por parejas sobre una alfombra o una
superficie más bien mullida. Uno de los dos se quita los
zapatos y coloca su pie derecho sobre el pie izquierdo del
compañero, y su pie izquierdo sobre el pie derecho. Se
cogen de las manos y empiezan a andar en una dirección

determinada al compás de la música. También pueden andar de lado. Para que les resulte más fácil, diles con qué pie deben empezar y ves marcando el ritmo: «un, dos, tres, un, dos, tres». Lo normal es que acaben en el suelo, así que deja distancia suficiente entre pareja y pareja, para que no se lastimen.

2
Lo amarillo va con lo amarillo

Qué necesitas: una bolsa con la ropa sucia, una cesta con la ropa limpia, objetos de distintos colores

Características básicas del juego:
- Es un juego de interior
- Es un juego de clasificación
- No ensucia

Número de participantes: entre 1 y 4

Duración: 10 – 20 minutos

Qué trabaja y aprende el niño:
El niño aprende a clasificar las cosas por grupos y comprende que una misma cosa puede clasificarse de distintas formas. También aprende a contar y, por supuesto, a participar en las tareas domésticas como uno más de la familia.

Explicación del juego:

Coge la bolsa de la ropa sucia y enseña a los niños a separar la ropa blanca de la de color. Luego clasifica la ropa de color por colores: todas las prendas azules en un montón, todas las prendas rojas en otro, todas las prendas amarillas en otro, etcétera. Luego pídeles que clasifiquen la ropa blanca por grupos de prendas: los calzoncillos por un lado, los calcetines por otro, las camisetas por otro, etc. También pueden clasificar la ropa por personas: la de mamá, la de papá, la suya. O por tamaños: las cosas pequeñas, las medianas, las grandes. Pueden hacer lo mismo con la ropa ya limpia: primero te ayudan a sacarla de la lavadora y luego la clasifican. Y mientras tú la vas tendiendo. Cuando acaben de clasificarla, si tú no has terminado de colgarla, pueden pasarte las pinzas de la ropa: «ahora necesito dos», «ahora me bastará con una».

Variantes

✔ Reúne un montón de piezas de construcción de distintos colores. Dale al niño una bolsa de plástico con una etiqueta roja, otra con una etiqueta azul, otra con una etiqueta verde y otra con una etiqueta amarilla. Pídele que clasifique los objetos por colores, es decir, que meta cada pieza en la bolsa que le corresponde según su color. Finalmente, dile que busque más objetos de dichos colores entre sus juguetes y que los añada a la bolsa. Luego comprueba con él si lo ha hecho bien.

✔ Coge tres cajas de cartón: una grande, otra mediana y otra pequeña. Reúne un montón de objetos y pídele que los clasifique por tamaños.

✔ Cuando vayáis en coche, coloca una caja de cartón a cada lado de su sillita y dale una bolsita de tela con piezas de construcción o botones grandes. Cada vez que vea un animal, debe poner una pieza o botón en la caja de la derecha; cada vez que vea un camión, una en la caja de la izquierda. Para facilitarle las cosas puedes dibujar animales en la caja de los animales y camiones en la de los camiones.

✔ Cuando salgáis de excursión al campo, pídele que recoja hojas y piñas del suelo y que las clasifique por colores o tamaños.

3
De picnic en casa

Qué necesitas: muñecas u ositos de peluche; un mantel y una mesita baja; papel de cocina, un juego de café de juguete (o platos y tazas viejos), cubiertos de postre, una tetera o jarra y una bandeja; algo de comida, de verdad o de juguete; baberos; plastilina.

Características básicas del juego:
• Es un juego de interior y de exterior
• Es un juego simbólico
• No ensucia

Número de participantes: entre 1 y 3

Duración: 15 minutos – 1 hora

Qué trabaja y aprende el niño:

Con esta actividad el niño aprende a clasificar y emparejar mientras pone la mesa, a llevar a cabo una actividad prolongada, empezando por el principio y siguiendo hasta el final. A recordar y preparar ciertas cosas de antemano. Asimismo, amplia su vocabulario con palabras nuevas: pasta de té, tetera, café, picnic, etc.

Explicación del juego:

Elige una mesa pequeña, por ejemplo una de juguete o una mesita de centro. Pide al niño que te ayude a colocar el mantel sobre la mesa; también puede extender el mantel directamente en el suelo, sobre todo si realiza la actividad al aire libre. Pide al niño que coloque varios peluches o muñecas alrededor de la mesa. A los más pequeños debe ponerles un babero o una servilleta de papel. Luego debe poner la mesa: un plato, una taza y cubiertos para cada comensal. Y en el centro la tetera y una bandeja para las pastitas o los bocadillos. Dile que sirva el té o el café; debe hacer ver que llena todas las tazas, una a una. O llenarlas con agua. Luego puede ofrecer un pastelito a cada invitado.

Variantes

✔ Puede confeccionar los pastelitos con trozos de plastilina de distintos colores antes de empezar el picnic.

✔ También puede confeccionar él mismo unos mantelitos individuales para cada comensal. Corta un trozo de cartulina y la decoras con los rotuladores, o con pegatinas y purpurina, o con unas hojas secas y papel adhesivo para plastificar.

✔ Asimismo puede confeccionar unos servilleteros con un trozo del rollo del papel de cocina; y una tarjeta garabateada para cada invitado.

✔ Si viene alguna amiguita de carne y hueso puedes ayudarles a preparar unas galletas o unas mini magdalenas de verdad y dejar que merienden con los peluches.

4
¿Dónde tienes el corazón?

Qué necesitas: varios metros de papel de embalar, cartulinas, rotuladores de punta gruesa, pinturas o ceras, tijeras y goma adhesiva. Una enciclopedia o un libro con ilustraciones sobre el cuerpo humano y sus distintos órganos.

Características básicas del juego:
- Es un juego de interior
- Es un juego de observación
- La parte que se realiza en la mesa ensucia; el resto, no

Número de participantes: entre 2 y 6

Duración: 15 – 30 minutos

Qué trabaja y aprende el niño:
Adquiere conocimientos sobre el cuerpo humano de una forma lúdica y entretenida. Aprende a pegar y despegar, con lo que mejora su destreza manual, y a emparejar cosas.

Explicación del juego:

Coloca el papel de embalar extendido en el suelo. Coge el rotulador de punta gruesa, pide a uno de los niños que se tumbe encima y dibuja el contorno de su cuerpo. Luego recorta la figura y pégala con un poco de goma adhesiva detrás de una puerta o en la pared. A continuación dibuja en una cartulina los órganos principales del cuerpo humano, teniendo en cuenta las proporciones y los tamaños de cada uno de ellos: el corazón, los pulmones, los riñones, el hígado, el bazo, etc. Pídeles que los recorten y los coloreen. Para que duren más puedes plastificarlos. Finalmente coloca un trozo de goma adhesiva detrás, para que puedan pegarlos y despegarlos tantas veces como quieran.

El juego consiste en colocar los órganos correctamente, es decir, en el lugar que les corresponde. Primero menciona uno de los órganos y coloca tu mano sobre la parte del cuerpo donde se encuentra. Deja que coloquen el órgano en la figura humana que hay detrás de la puerta. Repite la operación con los distintos órganos.

Variantes

✔ Cuando ya hayan practicado varias veces el juego anterior, haz dos equipos, confecciona otra figura humana como la anterior y organiza una competición: a la de tres deben colocar todos los órganos en su lugar correspondiente. Gana el primer equipo que los coloque todos y bien.

✔ Confecciona unas tarjetas con el nombre correspondiente de cada órgano. Enséñales a emparejar el nombre con el órgano correspondiente. Luego deja que lo hagan ellos solos: deben colocar el órgano en el lugar del cuerpo que le corresponde y luego pegar debajo la tarjeta con su nombre.

5

A mi burro, a mi burro

Qué necesitas: nada

Características básicas del juego:
- Es un juego de interior y de exterior
- Es un juego musical y gestual
- No ensucia

Número de participantes: sin límite

Duración: 10 – 20 minutos

Qué trabaja y aprende el niño:
La rima y el ritmo de una canción ayudan al niño a escuchar los sonidos que componen las palabras, algo que le será muy útil más adelante, cuando aprenda a leer y escribir. Además aprende a divertirse jugando con otros niños y por tanto a relacionarse con los demás.

Explicación del juego:
El juego consiste en cantar una canción realizando determinados gestos. Primero debes enseñarles la canción realizando los gestos. El niño debe memorizar tanto la letra de la

canción como la acción correspondiente. Además, debe recordar que en cada estrofa debe añadir las acciones de las estrofas anteriores. Ahí va la canción propuesta:

«A mi burro, a mi burro (hacemos las orejas del burro con las manos)
le duele la cabeza (nos llevamos las manos a la cabeza)
y el médico le ha dado
una gorrita gruesa (nos ponemos la gorra)
una gorrita gruesa (nos ponemos la gorra)
mi burro enfermo está
mi burro enfermo está.

A mi burro, a mi burro (hacemos las orejas de burro)
le duelen las orejas (nos llevamos las manos a las orejas)
y el médico le ha dado
un trago de cerveza (hacemos ver que bebemos)
un trago de cerveza (hacemos ver que bebemos)
y una gorrita gruesa (nos ponemos la gorra)
mi burro enfermo está.

A mi burro, a mi burro (hacemos las orejas)
le duele la garganta (nos llevamos las manos a la garganta)
y el médico le ha dado
una bufanda blanca (nos ponemos la bufanda alrededor del cuello)
una bufanda blanca (nos ponemos la bufanda)
y una gorrita gruesa
y un trago de cerveza.

A mi burro, a mi burro (hacemos las orejas)
le duele el corazón (nos llevamos las manos al corazón)
y el médico le ha dado
gotitas de limón (nos tomamos unas gotitas por la boca)
gotitas de limón (nos tomamos unas gotitas)
y una gorrita gruesa (nos ponemos la gorra)
y un trago de cerveza (bebemos la cerveza)
y una bufanda blanca (nos ponemos la bufanda).

A mi burro, a mi burro (hacemos las orejas)
le duelen las rodillas (nos llevamos las manos a las rodillas)
y el médico le ha dado
un frasco de pastillas (nos tomamos una pastilla con
los dedos)
un frasco de pastillas (nos tomamos una pastilla)
y una gorrita gruesa (nos ponemos la gorra)
y un trago de cerveza (bebemos la cerveza)
y una bufanda blanca (nos ponemos la bufanda)
y gotitas de limón. (nos tomamos las gotitas)
Chin pon».

Variantes

Otra canción que también les gusta mucho es «Si
Juan pequeño baila»:
«Si Juan pequeño baila, baila, baila, baila, (damos palmas)
si Juan pequeño baila, baila con el dedo, (levantamos
el dedo índice)
con el dedo, dedo, dedo, (movemos el dedo levantado)
así baila Juan pequeño.

Si Juan pequeño baila, baila, baila, baila, (damos palmas)
si Juan pequeño baila, baila con la mano, (levantamos la mano)
con la mano, mano, mano, (movemos la mano levantada)
con el dedo, dedo, dedo, (movemos el dedo levantado)
así baila Juan pequeño.

Si Juan pequeño baila, baila, baila, baila, (damos palmas)
si Juan pequeño baila, baila con el brazo, (levantamos el brazo)
con el brazo, brazo, brazo, (movemos el brazo levantado)
con la mano, mano, mano, (movemos la mano levantada)
con el dedo, dedo, dedo, (movemos el dedo levantado)
así baila Juan pequeño.

Si Juan pequeño baila, baila, baila, baila, (damos palmas)
si Juan pequeño baila, baila con el codo, (levantamos el codo)
con el codo, codo, codo, (movemos el codo levantado)
con el brazo, brazo, brazo, (movemos el brazo levantado)
con la mano, mano, mano, (movemos la mano levantada)
con el dedo, dedo, dedo, (movemos el dedo levantado)
así baila Juan pequeño.

Si Juan pequeño baila, baila, baila, baila, (damos palmas)
si Juan pequeño baila, baila con la pierna, (levantamos la pierna)
con la pierna, pierna, pierna, (movemos la pierna levantada)
con el codo, codo, codo, (movemos el codo levantado)
con el brazo, brazo, brazo, (movemos el brazo levantado)
con la mano, mano, mano, (movemos la mano levantada)
con el dedo, dedo, dedo, (movemos el dedo levantado)
así baila Juan pequeño.

Si Juan pequeño baila, baila, baila, baila, (damos palmas)
si Juan pequeño baila, baila con el culo, (sacamos el culo)
con el culo, culo, culo, (movemos el culo sacándolo hacia fuera)
con la pierna, pierna, pierna, (movemos la pierna levantada)
con el codo, codo, codo, (movemos el codo levantado)
con el brazo, brazo, brazo, (movemos el brazo levantado)
con la mano, mano, mano, (movemos la mano levantada)
con el dedo, dedo, dedo (movemos el dedo levantado)
así baila Juan pequeño (más despacio para terminar)».

6

Mi primera exposición

Qué necesitas: una cuerda, pinzas de la ropa de madera, dibujos hechos por el niño, chinchetas o clavos

Características básicas del juego:
- Es un juego de interior
- Es un juego simbólico
- No ensucia

Número de participantes: el autor de los dibujos

Duración: 10 – 20 minutos

Susan Benjamin

Qué trabaja y aprende el niño:

Esta actividad sirve para reforzar la autoestima del niño. Resulta especialmente indicada con niños tímidos o inseguros.

Explicación del juego:

Escoge un rincón de la habitación del niño y cuelga una cuerda; colócala en un lugar que no moleste y sea de fácil acceso para el pequeño. Coloca en la cuerda varias pinzas de la ropa. Escoge con el niño sus dibujos preferidos, aquellos de los que se sienta más orgulloso. Explícale que vais a colocarlos en un sitio de honor. Enséñale a colgar los dibujos en la cuerda y explícale que puede considerarla su primera exposición. Podrá enseñárselos a sus amigos y familiares siempre que quiera. Cada cierto tiempo puede sustituir los dibujos colgados por otros más recientes.

Variantes

✔ Cuando necesites reforzar algún conocimiento, cuelga en la cuerda imágenes o fichas que hagan referencia a dicho conocimiento. Así por ejemplo, si el niño está aprendiendo las estaciones del año, cuelga un dibujo claramente invernal, otro otoñal, otro primaveral y otro estival. Dedica cada día cinco minutos a repasar las estaciones con la ayuda de las imágenes que tienes colgadas en la cuerda.

✔ Enseña al niño a decorar las pinzas de madera, para que se identifique más con su rincón: puede pintar cada pinza de un color, cubrirlas de purpurina o pegarles algún muñequito.

7

El volcán entra en erupción

Qué necesitas: bicarbonato sódico (lo encontrarás en la sección de bollería del supermercado), vinagre (u otro ácido, por ejemplo zumo de limón), un recipiente de plástico, una botella de plástico con tapón (no uses jamás una botella de cristal), una bandeja, una cuchara sopera y otra de café.

Características básicas del juego:
* Es un juego de interior y de exterior
* Es un experimento
* Ensucia

Número de participantes: sin límite

Duración: 10 – 20 minutos

Qué trabaja y aprende el niño:
El niño aprende a realizar experimentos científicos y a provocar reacciones químicas con una sustancia ácida y otra alcalina. Descubre por qué ocurren las cosas.

Explicación del juego:
Explícales que vais a realizar un experimento científico. Coloca sobre la mesa una bandeja grande y sobre esta un vaso grande con un poco de agua y un tarro con el bicarbonato de soda. Pídeles que disuelvan una cucharadita de bicarbonato de soda en el agua. Luego pídeles que añadan

tres cucharadas de vinagre. Cada niño puede encargarse de una cosa. A continuación diles que se retiren un poco y observen. La mezcla empezará a borbotear y a derramarse sobre la bandeja. IMPORTANTE: no utilices más bicarbonato del que se indica.

Explícales por qué ocurre: el vinagre es un ácido y al reaccionar con el carbono forma un gas, el dióxido de carbono: son las burbujas que salen disparadas con fuerza hacia arriba.

Variantes

✔ Llena de agua tres cuartas partes de una botella de plástico y añade una cucharadita de bicarbonato de soda (una cucharadita por cada 300 ml de agua). Coloca el tapón y agita la botella con fuerza. Saca el tapón y añade tres cucharadas de vinagre (prepara las tres cucharadas en un recipiente antes de empezar el experimento y añádelas de golpe). Coloca y cierra rápidamente el tapón. Alejaos y esperad unos segundos: el tapón saldrá disparado a causa de las burbujas, y el líquido se derramará sobre la bandeja.

8
Dibujos al agua

Qué necesitas: recipientes con agua, pinceles, papel absorbente o cartulina, colorantes alimenticios

Características básicas del juego:
- Es un juego de interior y de exterior
- Es una manualidad
- Ensucia, sobre todo si se usa colorante

Número de participantes: entre 1 y 8 niños

Duración: 15 – 30 minutos

Qué trabaja y aprende el niño:
El niño aprende a observar cómo se mueve el agua sobre una superficie determinada y a comprender la ley de causa y efecto. Además, sirve para mejorar la coordinación manual y visual.

Explicación del juego:
Primero debes seleccionar la superficie que vais a utilizar. Una hoja de papel, una cartulina, un salvamanteles plastificado, una superficie recubierta de baldosas, la mesa de la cocina, el trozo de pared que rodea la bañera o la parte exterior de una ventana, sin duda la mejor opción de todas. Si hace buen tiempo y dispones de jardín, ponles un bañador, una camiseta vieja y déjales que disfruten. Lo más probable es que acaben empapados, pero se lo pasarán genial.

Dale a cada niño un pincel y coloca varios cuencos llenos de agua a su alcance. Si la actividad se realiza dentro de casa, los pinceles deben ser pequeños; si se realiza fuera, pueden ser más grandes; pueden incluso usar unas brochas. Explícales que deben sumergir el pincel en los cuencos y luego tirar de las cerdas húmedas hacia un lado o hacia atrás y soltarlas de golpe. También pueden sacudir el pincel, o hacer con él un movimiento brusco. Diles que observen cómo se desplaza el agua y luego el dibujo resultante.

Variantes

✔ Para que el resultado sea más espectacular puedes añadir colorante alimenticio al agua: añade un color distinto a cada cuenco. Escoge una zona que luego sea fácil de limpiar, como por ejemplo la pared de la bañera, que puedes limpiar con la ducha, o las baldosas de la terraza, a las que puedes dar un manguerazo cuando los niños se cansen de jugar.

✔ Organiza una carrera de gotas. Los niños se mojan la punta del dedo y luego, a la de tres, dejan caer una gota en la parte de arriba de la ventana. Gana la gota que llegue antes a la parte inferior de la ventana.

9
Una piña, dos piñas, tres piñas

Qué necesitas: bolsas de plástico y un centro de mesa, para poner todo lo que recojan.

Características básicas del juego:
- Es un juego de exterior que luego decora el interior
- Es un juego de observación y una manualidad
- No ensucia

Número de participantes: sin límite

Duración: 30 minutos – 2 horas

Qué trabaja y aprende el niño:
Con esta actividad el niño disfrutará de la naturaleza y descubrirá las distintas estaciones del año y sus características. Además, aprenderá a seleccionar y a combinar objetos para confeccionar algo bonito.

Explicación del juego:
A los niños les encanta recoger cosas cuando salen al campo o a la montaña, así que aprovéchalo. Ofréceles una bolsa de plástico y anímales a recoger hojas, piñas, frutos secos, bayas, semillas, piedras bonitas, flores caídas, etc. Una vez de vuelta a casa, colócalo todo sobre la mesa, saca un centro de mesa y ayúdales a seleccionar las piezas que van a usar para decorarlo. Las cosas que encuentren tendrán mucho que ver con

la estación del año en la que estéis. Explícaselo y enséñales a confeccionar un centro de mesa apropiado para cada estación. En otoño pueden confeccionarlo con frutos secos, bayas y ramitas; en invierno, con piñas y acebo; en primavera pueden confeccionar ramos de flores silvestres o un original centro poniendo en un recipiente de cristal un poco de agua y dejando que floten en ella las flores caídas que han recogido; y en verano pueden confeccionar un centro con conchas, caracolas y alguna piedra brillante. Coloca el centro en algún lugar que resulte bien visible.

Variantes

✔ Compra pintura dorada y plateada. Coge unas cuantas piñas y deja que las pinten. Consigue una rama de abeto o un poco de acebo y una vela roja. Enséñales a confeccionar un hermoso centro navideño.

✔ Cuando llegue el otoño, salir a buscar hojas secas, a poder ser de distintos tamaños y formas. Luego colgar las más bonitas en la ventana de la cocina, para que los niños puedan observarlas.

✔ Si tu hijo encuentra una concha con un agujero, fabrícale un hermoso collar de verano, para que lo luzca cuando salgáis a pasear por el paseo marítimo.

✔ Si los niños son un poco más mayorcitos, déjales algún libro de consulta para que identifiquen los distintos frutos y bayas; luego deja que copien su nombre en una etiqueta.

10
¿Cuánto pesa mi cochecito?

Qué necesitas: arroz de dos clases distintas, por ejemplo integral y blanco; lentejas, de las grandes y de las pequeñas; una báscula, de las que tienen dos platillos y pesas independientes; tazas o cucharas medidoras, jarras, cuencos y hueveras.

Características básicas del juego:
- Es un juego de interior y exterior
- Es un juego de observación
- Puede ensuciar, pero poco

Número de participantes: entre 1 y 4

Duración: 20 minutos – 1 hora

Qué trabaja y aprende el niño:
Muchas habilidades matemáticas sencillas: los números, a contar, a añadir y a quitar. También empiezan a comprender el concepto de peso y de volumen, y que un objeto puede cambiar de forma pero seguir pesando lo mismo.

Explicación del juego:
Coloca la báscula en el centro de la mesa y llena una jarra de arroz integral y otra de arroz blanco. Haz lo mismo con los dos tipos de lentejas. Deja que sean ellos los que manipulen los materiales y hagan los experimentos. Plantéales distintos interrogantes:

¿Cuánto pesa una taza llena de arroz? ¿Pesa una taza de arroz blanco igual que una taza de arroz integral? ¿Cuántas tazas necesitas para llenar un cuenco? ¿Y cuántas cucharadas de arroz para llenar la huevera? ¿Pesan lo mismo las lentejas y el arroz? ¿Y una taza de lentejas grandes que una taza de lentejas pequeñas?

Variantes

✔ Si los niños son más mayorcitos, además de experimentar con los materiales pueden confeccionar una tabla en la que queden reflejados los datos obtenidos. Según la edad pueden confeccionar toda la tabla, anotar sólo el resultado, pegar un adhesivo con la cantidad o simplemente dibujar un asterisco en la casilla correcta.

✔ Reúnelos en el baño y pésalos uno a uno en la báscula. Anota lo que pesan en una tabla. En la tabla pueden aparecer sus nombres o una foto de cada uno, para que se identifiquen fácilmente. Repite la medición cada pocos meses y compara los resultados.

11
Navidad, navidad, blanca navidad

Qué necesitas: botellas o botes de plástico, o tarros pequeños de cristal; purpurina, cola, glicerina (de venta en farmacias); agua, coco en polvo o harina de avena; adornos de navidad, hojas y papel de aluminio; detergente, colorante alimenticio,

Características básicas del juego:
* Es un juego de interior
* Es una manualidad
* Ensucia

Número de participantes: un niño por adulto

Duración: 15 – 30 minutos

Qué trabaja y aprende el niño:
A confeccionar un juguete con una serie de materiales y siguiendo paso a paso unas indicaciones. Al terminar se sentirá satisfecho de sí mismo y ello aumentará su autoestima.

Explicación del juego:
Llena el tarro de agua hasta la mitad y añade un poco de hari-

na de avena o de coco en polvo. Tápalo, sacúdelo y muéstraselo al niño. Si quieres que el paisaje nevado resulte realmente espectacular, coge un tarro de cuello ancho y pega adornos navideños en el interior de la tapa. Llena el tarro de glicerina y añade un poco de purpurina. Ciérralo bien, sacúdelo y disfruta de la gran nevada.

Variantes

✔ Llena con agua hasta la mitad una botella o un tarro de plástico, añade unas gotas de detergente y un poco de colorante alimenticio. Sacude la botella y deja que el niño observe cómo descienden las burbujas que se han formado.

✔ Si prefieres confeccionar un paisaje marino, añade al agua un poco de colorante azul, y hojas y pececitos plateados confeccionados con papel de aluminio.

12
Los imanes atrápalo todo

Qué necesitas: un par de imanes por niño, objetos metálicos pequeños, tales como sujetapapeles, cubiertos de postres o juguetitos infantiles

Características básicas del juego:
* Es un juego de interior
* Es un juego experimental
* Ensucia, pero solo un poco

Número de participantes: entre 1 y 6 niños

Duración: 15 – 30 minutos

Qué trabaja y aprende el niño:

Esta actividad despierta la curiosidad del niño y le lleva a hacerse preguntas e intentar hallar las respuestas. Le encantará porque puede llevar a cabo sus propias investigaciones sin la ayuda del adulto y ello le dará seguridad en sí mismo.

Explicación del juego:

Ofrece un imán a cada niño y deja que investigue en qué objetos se pega y en qué objetos no. Diles que prueben con la nevera, la lavadora, la bañera, los picaportes de las puertas y los juguetitos. Diles que intenten levantar los sujetapapeles con el imán.

Luego ofréceles otro imán. Diles que investiguen qué ocurre si intentan acercar un imán a otro. Y lo que sucede si luego le dan la vuelta a uno de los imanes.

Variantes

✔ Sorpréndeles con un truco sencillo: Coloca un imán debajo de una cartulina, de modo que lo niños no lo vean. Pon encima de la cartulina un objeto metálico pequeño, por ejemplo un sujetapapeles. Explícales que vas a moverlo con el poder de tu mente. Haz ver que te concentras mucho. Pídeles que te ayuden concentrándose también en el objetivo. Luego haz que se mueva el objeto desplazando el imán que tienes escondido debajo. Les encantará.

13
¿A quién le apetece darse un chapuzón?

Qué necesitas: agua; una manguera, un aspersor, una piscina de plástico; juguetes para el agua, globos, palitos de piruleta, platos y vasos de plástico, pelotas de ping pong, cubos.

Características básicas del juego:
- Es un juego de exterior
- Es un juego experimental
- No ensucia, pero moja

Número de participantes: sin límite

Duración: 20 minutos – 2 horas

Qué trabaja y aprende el niño:
Un día caluroso, un aspersor y un grupo de niños constituyen una fórmula infalible para disfrutar de una tarde llena de diversión y risas. Los niños mejorarán sus destrezas motoras y aprenderán a relacionarse con otros niños.

Explicación del juego:
Saca la manguera, conéctala a un surtidor y persigue a los niños por el jardín; o mueve el aspersor como si fuera una serpiente y diles que salten por encima. Luego coloca el aspersor en el suelo y deja que los niños entren y salgan libremente del chorro de agua. Pueden hacer el corro de la patata alrededor del chorro.

Variantes

✔ Mientras ellos juegan con el chorro, llena unos cuantos globos con un poco de agua. Anímales a observar cómo se tambalean. Luego pueden hacer un corro y jugar a pasarse el globo. Antes o después el globo explotará y empapará a alguno de los jugadores, así que este juego debe practicarse cuando haga buen tiempo y con el bañador. Seguir hasta que no quede ningún globo entero.

✔ Llena la piscina de plástico de agua y ofrece a cada niño una pelota de ping pong. Pídeles que la sumerjan en el agua sujetándola con fuerza. Luego, a la de tres, deben soltarla y observar cómo sale disparada.

✔ Mete en la piscina los palitos de piruleta. Enseña a los niños a agitar el agua con un plato de plástico o con las manos para que los palitos se muevan. Puedes organizar una carrera de palitos.

✔ Ofréceles vasos y cubos de distintos tamaños y deja que jueguen y experimenten con el agua.

14
¡Cuántos bichitos!

Qué necesitas: varios frascos con tapa de rosca; una sábana o una funda de almohada vieja

Características básicas del juego:
- Es un juego de exterior
- Es un juego de observación
- No ensucia

Número de participantes: entre 2 y 8 niños

Duración: 30 minutos – 1 hora

Qué trabaja y aprende el niño:
A observar y a fijarse en los detalles, una habilidad que más adelante le será muy útil para aprender a leer. A descubrir que puede encontrar cosas interesantes si busca en el lugar adecuado. A planear y a llevar a cabo una actividad compleja hasta el final.

Explicación del juego:

Coloca la sábana debajo de un arbusto. Pide a los niños que sacudan el arbusto con cuidado. La sábana se llenará de bichitos. Ayúdales a meter los bichitos en los frascos y luego ciérralos bien. Ofrécele un frasco a cada niño (o a cada dos) y pídeles que observen los insectos que acaban de atrapar. ¿De qué color son? ¿Cuántas patas tienen? ¿Tienen alas? ¿Se les ven los ojos? Si desean conservar los insectos toda la noche, haz varios agujeros en la tapa, para que puedan respirar, y mete unas cuantas hojas húmedas en el frasco, para que puedan comer y beber.

Si los niños son mayores, pueden anotar el nombre del insecto y sus características en una hoja y pegarla al frasco.

Variantes

✔ Diles que levanten una piedra del jardín y que observen todas las criaturas que viven ahí, escondiéndose de la luz. Deja que las cuenten. Luego volver a poner la piedra en su lugar. Más tarde pueden hacer un dibujo del bicho que más les haya gustado.

✔ Coge uno de los bichitos y deja que lo observe a través de un microscopio. Pídele que lo dibuje.

✔ Busca pulgones o jejenes en los rosales, las habas o las capuchinas. Pueden coger una hoja que tenga algunas de esas criaturas diminutas y meter la hoja con una o dos gotas de agua en un frasco. Haz algunos agujeritos en la tapa y añade unas cuantas gotas de agua y una hojita cada día. ¿Cuántas moscas tienen una semana después?

15
El juego de las estatuas

Qué necesitas: música, sillas, cojines

Características básicas del juego:
- Es un juego de interior y exterior
- Es un juego popular
- No ensucia

Número de participantes: sin límite

Duración: 10 – 20 minutos

Qué trabaja y aprende el niño:
Con esta actividad aprende a moverse al compás de la música, a distinguir distintos ritmos y a desahogarse. Además, mejora sus reflejos.

Explicación del juego:
Pones algo de música y los niños empiezan a bailar. Cuando la música para, los niños dejan de bailar. Deben quedarse en la misma posición que estaban cuando ha parado la música. Si alguien se mueve, tú, o sea el vigilante, le das un golpecito en el brazo y le dices «cazado». Los cazados pasan a ser ayudantes del que vigila. Luego vuelves a poner la música y los niños que no han sido cazados empiezan a bailar de nuevo. Gana el niño que resista hasta el final sin ser cazado.

Variantes

✔ Todos los niños menos uno se tumban en el suelo e intentan no mover ni un músculo. Pueden respirar, por supuesto, pero nada más. El objetivo es estar quietos como estatuas el mayor tiempo posible. El «observador» tiene que localizar a los que se mueven y decir su nombre. En cuanto dice el nombre de un niño, éste se convierte en su ayudante. El juego sigue hasta que tan solo queda un niño tumbado en el suelo, que es el ganador.

✔ Coloca un montón de cojines en un lado de la habitación. Pon la música para que los niños empiecen a bailar. Cuando la música para deben ir corriendo hasta los cojines y arrojarse sobre ellos.

✔ Cuando la música cesa todos tiene que sentarse. El último en sentarse queda eliminado. El juego sigue hasta que solo queda un jugador.

✔ Los niños se ponen por parejas. Se miran el uno al otro y deben permanecer serios. Pueden hacer muecas y gestos, pero no pueden hablar ni hacer sonidos. El primero en reírse, pierde.

16
Hoy el médico soy yo

Qué necesitas: una balanza de cocina, si es posible de las que llevan pesas independientes; una cinta métrica metálica o una regla, con los números bien claros; muñecas y peluches; un maletín de doctor, vendas, tiritas, palitos de polo, un termómetro de juguete, hojas de papel y lápices.

Características básicas del juego:
- Es un juego de interior
- Es un juego simbólico
- No ensucia

Número de participantes: entre 1 y 4

Duración: 30 minutos – 1 horas

Qué trabaja y aprende el niño:

Aprende conceptos como grande y pequeño, pesado y ligero. A pesar y a medir. A realizar una actividad prolongada de principio a fin. A planear, a memorizar y a simular. A ordenar las cosas en una secuencia: éste es el oso que pesa más, éste el que pesa menos, etc.

Explicación del juego:

Primero debes ayudarle a preparar la consulta. Debe delimitar la zona que servirá de sala de espera. Allí debe colocar unas sillas y sentados en ellas a los muñecos, para que esperen su turno. En la consulta debe tener la báscula para pesar a los bebés, la cinta métrica para medirles, el maletín con todo el instrumental y un bloc de notas para anotar lo que considere necesario. Si juega un niño solo, hará las veces de enfermera y médico; si son varios, pueden repartirse los papeles: uno hace de enfermera y se encarga de llamar a los pacientes y hacerles pasar, les desviste y les viste; otro es el médico, que los ausculta, les mira la garganta, les examina los oídos y les vacuna; y otro es la ATS que los pesa, los mide y les cura las heridas.

El niño llama al primer paciente y le hace un reconocimiento médico completo. Para pesarlo lo coloca sobre la báscula. Para medirlo coloca la cinta métrica en el suelo, en ángulo recto con la pared, y tumba al pequeño sobre la cinta con la cabeza tocando la pared. Luego le ausculta, le mira la garganta con un depresor, los oídos con una linterna y, si le toca, le pone una vacuna. Luego hace un garabato en un trozo de papel y se lo da al paciente. A continuación despide a ese paciente y hace pasar al siguiente.

Variantes

✔ Si los niños son lo suficientemente mayores, pueden anotar los datos en una ficha y aprender así a llevar y organizar un fichero. Primero deben preparar las fichas. Ayúdale a escoger los datos que deben aparecen: nombre, edad, peso, altura, vacunas, enfermedades, etc. Enséñale a ordenar las fichas por orden alfabético: Ana, Biel, Julián, Marian, Rubén…

✔ Si el niño ha estado ingresado en un hospital, también puede jugar a los hospitales. Deja que recree la habitación: puede haber dos o tres enfermos, cada uno en su cama. El médico pasa a verlos y examina a cada enfermo. A cada uno puede pasarle algo distinto. A uno le tienen que vendar una pierna, a otro curarle una herida, a otro controlarle la fiebre y unas manchas, etc. Los enfermos serán peluches o muñecas.

17

El juego de las naranjas y los limones

Qué necesitas: música

> **Características básicas del juego:**
> • Es un juego de interior y de exterior
> • Es un juego popular
> • No ensucia

Número de participantes: 6 como mínimo, pero es más divertido con 10 o más

Duración: 10 – 20 minutos

Qué trabaja y aprende el niño:
Se trata de un juego tradicional ideal para que se relacione con otros niños. Mejora su destreza motora y le enseña a guardar un secreto. Por su parte, la rima y el ritmo de la canción animan al niño a escuchar los sonidos que componen las palabras, algo que le será muy útil más adelante, cuando aprenda a leer y escribir.

Explicación del juego:
Dos jugadores, la naranja y el limón, forman un arco cogiéndose de las manos. Deciden entre ellos quién será la naranja y quién el limón, pero no se lo dicen al resto de los participantes. Los demás jugadores hacen una fila junto al arco. Cuando empieza a sonar la música pasan por debajo del arco,

153

de uno en uno y en orden; luego dan la vuelta y vuelven a ponerse en la cola. En lugar de poner música también pueden cantar una canción que conozcan. Cuando la música cesa (o al final de la canción) la naranja y el limón bajan los brazos y atrapan al jugador que está cruzando el arco justo en ese momento. Una vez cazado, le preguntan al oído si quiere ser naranja o limón. El niño responde bajito y se coloca detrás de la fruta elegida. El juego sigue hasta que todos los jugadores menos uno han sido atrapados.

Variantes

✔ En lugar de terminar cuando solo queda uno sin atrapar, el juego sigue hasta que todos los niños han sido atrapados y se han convertido en naranjas o limones. Entonces hacen una guerra de fuerza. Cada equipo forma una fila cogiendo al de delante por la cintura. Se coloca un equipo frente al otro, separados por una línea que dibujamos en el suelo. El primero de la fila de los limones y el primero de la fila de las naranjas se cogen de las manos. A la de tres, cada equipo tira hacia su campo con todas sus fuerzas. Gana el equipo que consigue que el equipo contrario traspase la línea que les separa.

18
La serpiente traviesa

Qué necesitas: 2 combas de saltar

Características básicas del juego:
- Es un juego de exterior
- Es un juego de habilidad
- No ensucia

Número de participantes: sin límite

Duración: 10 – 30 minutos

Que trabaja y aprende el niño:
El niño desarrolla sus habilidades motoras, aprende a saltar, a mantener el equilibrio y a seguir instrucciones. Además, disfruta haciendo ejercicio físico al aire libre y aprende a relacionarse con otros niños.

Explicación del juego:
Deja la comba en el suelo como si fuera una serpiente. Explícales que se trata de una serpiente muy traviesa. Pero que ahora está dormida y pueden aprovechar a pasar por encima. Enséñales a hacerlo poniendo primero un pie y luego el otro. Deben andar de un extremo al otro de la cuerda en fila. Mientras lo hacen pueden cantar una rima sencilla como la que recogemos a continuación:

«Con una moneda yo monto en avión, yo como, yo bebo, y arriba el telón».

Luego diles que se coloquen todos a un lado de la cuerda. Explícales que la serpiente ya se ha despertado y tiene ganas de jugar. Mueve la cuerda de modo que haga eses por el suelo. A la de tres los niños deben saltar por encima de la cuerda sin pisarla y quedando al otro lado. Repítelo varias veces, hasta que la serpiente, agotada, vuelva a quedarse dormida.

Variantes

✔ Dos de los niños, o dos adultos, sujetan la comba, cada uno por un extremo. El resto de los niños se colocan junto a la comba, todos en el mismo lado. Cuando los que sujetan la cuerda la suben hacia arriba gritando «¡Bajo las estrellas!», todos los niños tienen que cruzar al otro lado pasando por debajo de la cuerda. Cuando la bajan gritando «¡Sobre la luna!», todos cruzan saltando por encima de la cuerda. Así pues, a veces deberán dar un salto y otras deslizarse por debajo de la cuerda arrastrándose por el suelo. Deben estar atentos y realizar la acción correcta. Cada cierto tiempo debes cambiar los niños que sujetan la cuerda.

✔ Coloca una comba extendida en el suelo y otra comba extendida del mismo modo, pero ligeramente separad de la primera. Deben quedar paralelas, formando un pasillo. Los niños hacen una fila y saltan de la una a la otra empezando por un extremo y acabando en el extremo contrario. Cuando todos hayan pasado, separamos un poco más las cuerdas y vuelven a empezar. Mientras lo hacen pueden cantar una rima como la siguiente: «Una, dola, tela, catola, quila, quilete, estaba la reina, con su cubilete. Cuenta las veinte que las veinte son. Policía, ladrón, cuchillo, tenedor, sandía, melón, 1, 2, 3, 4, 5, 6, 7, 8, 9, 10, 11, 12, 13, 14, 15, 16, 17, 18, 19, 20».

✔ Coloca las dos cuerdas extendidas, una paralela a la otra, formando un caminito estrecho. Los niños deben pasar por el caminito sin pisar las cuerdas: primero pasan andando, luego a la pata coja, luego saltando con los pies juntos, luego a gatas, etc. El que pisa la cuerda debe salirse de la fila, dar diez saltos y luego ponerse de nuevo en la cola.

19
Carreras de relevos

Qué necesitas: cucharas, mandarinas, pelotas, pañuelos, aros, etc.

Características básicas del juego:
- Es un juego básicamente de exterior, aunque también puede practicarse en interior
- Es un juego de habilidad
- No ensucia (salvo si usas huevos)

Número de participantes: sin límite; lo ideal es que sean pares.

Duración: 10 minutos – 1 hora

Qué trabaja y aprende el niño:
A mantener el equilibrio, a correr, a saltar, a orientarse en el espacio y a realizar movimiento precisos. También aprende a trabajar en equipo para conseguir un objetivo común.

Explicación del juego:
Los niños se reparten en dos, tres o cuatro equipos, dependiendo del número de participantes. Cada equipo forma una fila y todos ellos se sitúan detrás de la línea de salida. Explica a los niños en qué consiste la primera carrera de relevos que van a realizar. Es aconsejable que sea muy sencilla, para que entiendan el funcionamiento del juego. El primero de cada fila debe ir corriendo hasta un punto, dar media vuelta y volver hasta su fila. Al llegar le toca la mano al segundo de la fila, que sale corriendo y repite la operación. El juego sigue hasta que todos los jugadores hayan realizado el recorrido. El primer equipo en terminar es el ganador. A continuación explícales la prueba siguiente. Deben ir saltando a la pata coja y regresar corriendo y dando palmadas. La siguiente deben ir saltando con los pies juntos y regresar corriendo hacia atrás. La siguiente deben hacer rodar el balón alrededor de su cuerpo, a la altura de la cintura, y regresar sujetando el balón en alto y corriendo.
La prueba que deban realizar será más o menos difícil dependiendo de la edad y la habilidad de los participantes. Las posibilidades son infinitas.

Variantes

✔ Los niños se ponen una cuchara grande de plástico en la boca y sobre la cuchara una mandarina o un huevo. Deben ir y volver sin que se les caiga la mandarina y luego pasarle la cuchara y la mandarina al compañero siguiente. Si se le cae la mandarina debe volver a empezar.

✔ Los niños forman una fila de espaldas. El primero le pasa el balón al segundo por arriba, el segundo le pasa el balón al tercero por abajo, el tercero al cuarto de nuevo por arriba y así sucesivamente. El jugador que pasa el balón corre luego hasta la cola y se queda allí hasta que le llegue de nuevo el balón.

✔ Los niños avanzan de dos en dos, haciendo la carretilla. O llevando al compañero a caballito.

✔ El primero se saca una prenda de ropa y la extiende al máximo en el suelo. Luego se pone a la cola. El siguiente hace lo propio extendiendo su prenda a continuación de la primera. Ambas prendas deben tocarse por algún punto. Gana el equipo cuya fila de ropa llegue antes a la meta.

✔ Los niños van arrastrándose por el suelo y vuelven andando a cuatro patas.

✔ Los niños avanzan metiéndose un aro por la cabeza y sacándoselo por los pies.

✔ Los niños avanzan con un libro en la cabeza. El libro no puede caerse. Si se cae vuelven a empezar.

✔ Avanzan saltando como ranas y regresan haciendo el caballo loco.

✔ Los niños avanzan de dos en dos con una pierna atada a la pierna del compañero.

20
El trenecito

Qué necesitas: varias sillas, varios peluches, billetes de tren, una gorra de conductor-revisor, un silbato.

Características básicas del juego:
- Es un juego de interior y de exterior
- Es un juego simbólico
- No ensucia

Número de participantes: entre 1 y 6

Duración: 10 – 30 minutos

Qué trabaja y aprende el niño:
A recordar experiencias vividas y a «hablar» de su vida a través del juego. A averiguar el porqué de las cosas. A ponerse en la piel de otro.

Explicación del juego:
Para poder practicar este juego es importante que primero vivan la experiencia. Si tu hijo no ha ido nunca en tren, organiza una salida con este medio de transporte, para que tenga referentes. Da una vuelta por la estación, explícale que hay que comprar un billete, que hay que guardarlo por si te lo pide el revisor, que luego hay que buscar el andén y esperar a que llegue el tren, que para poder subir al tren hay que apretar el botón que abre las puertas. No tiene que ser un trayecto

largo. Bastará con un trayecto de 15 – 20 minutos. Guarda los billetes para cuando realices el juego. Deja que observe todos los detalles, por ejemplo que suena un silbato antes de que se cierren las puertas o de que arranque el tren. Explícale que en el primer vagón o máquina hay un conductor que conduce el tren. De regreso a casa habla con él de la experiencia. Pídele que haga un dibujo de lo que recuerde.

Al día siguiente o al cabo de un par de días dile que vais a jugar al trenecito. Ayúdale a preparar el escenario. Coloca varias sillas en fila, de dos en dos. Deja las dos primeras libres y sienta en el resto a los peluches y muñecas, que harán las veces de pasajeros. Luego da a tu hijo los billetes y la gorra de conductor-revisor. Dile que primero debe dejar pasar a los pasajeros y comprobar que llevan el billete. Luego debe sentarse en la silla de delante y conducir el tren. En cada parada debe esperar a que suban y bajen los pasajeros. Antes de cerrar las puertas debe emitir un silbato.

Variantes

✔ Simula un viaje en autocar: puede tratarse de un grupo de escolares que van de excursión con el colegio.

✔ Los niños están repartidos por el espacio de juego. Uno es la máquina y se mueve arriba y abajo por el espacio. De vez en cuando se para junto a uno de los compañeros y dice: «¡Todos al tren!». Entonces el compañero se coloca detrás y se coge a él por la cintura. El tren sigue moviéndose arriba y abajo hasta que se detiene junto a otro compañero: «¡Todos al tren!». Éste se une al tren y siguen jugando. El juego termina cuando todo el mundo se ha subido al tren.

21
Mi pueblo

Qué necesitas: cartulinas, papel de embalar o fieltro; rotuladores, cinta adhesiva, cajas de cartón, señales de tráfico de juguete o palitos de piruleta para confeccionarlas, papel de lija, cartón duro, papel maché, un espejito, pinturas, coches y camiones de juguete, casitas, etc.

Características básicas del juego:
- Es un juego de interior
- Es una manualidad
- Ensucia

Número de participantes: entre 1 y 4

Duración: 30 minutos – 2 horas

Qué trabaja y aprende el niño:
Desarrolla su imaginación y hace que se sienta orgulloso de sí mismo por haber construido su propio pueblo. Le ayuda a aprender cosas de sí mismo y a desarrollar su concepción del espacio.

Explicación del juego:
Coge un trozo de cartón duro, de forma rectangular, y úsala como base para construir tu pueblo. Píntala de color verde o fórrala con fieltro del mismo color. En una esquina coloca unas cuantas montañas de papel maché, con el papel de lija

construye la carretera que atraviesa el pueblo y al pie de las montañas coloca el espejito o un poco de papel de aluminio, como si fuera un estanque. Luego añade casas, animales y personas de juguete o confeccionadas por el niño. Las casas puede confeccionarlas con cajas de cartón y los animales y las personas con plastilina. Puede colocar algún semáforo en la carretera (puede hacerlos con un trozo de cartulina o cartón y tres gomets adhesivos, uno amarillo, una verde y otro rojo) y hacer circular algún coche de juguete por la carretera.

Variantes

✔ Confecciona una red de carreteras: corta varios trozos rectangulares de cartulina gris y algunos trozos con forma de curva. Enseña a los niños a dibujar las líneas de marcación típicas de las carreteras y luego une las tiras con un poco de cinta adhesiva. Colócalas de forma que haya cruces, intersecciones y alguna curva cerrada. Pueden pegarlas sobre un trozo de cartón duro pintado o forrado de fieltro. Deja que te ayuden a diseñar la red de carreteras. Enséñales a confeccionar señales de tráfico con los palos de las piruletas y un trozo de cartulina. Luego deja que jueguen con sus coches y camiones de juguete por toda la red de carreteras.

22

Ya soy mayor

Qué necesitas: unos zapatos de tacón, un maletín, un bolso, unas pulseras, una corbata, un móvil de juguete, maquillaje, en definitiva cualquier cosa que le sirva para imitarte y simular que es un mayor.

Características básicas del juego:
- Es un juego básicamente de interior, aunque también puede practicarse en el exterior
- Es un juego simbólico
- No ensucia, pero desordena

Número de participantes: entre 1 y 3

Duración: 20 minutos – 1 hora

Qué trabaja y aprende el niño:
El niño aprende a transformar lo que piensa o imagina en acciones concretas y a ponerse el la piel de otro, algo muy importante para más adelante poder sentir empatía por los demás.

Explicación del juego:
Dile que vais a jugar a ser mayores. Déjale unos cuantos complementos, para que pueda recrear la situación de un modo realista. Pregúntale que le apetece más: si imitarte en el trabajo, cuando sales de compras o cuando vas a una fiesta. Deja

que escoja lo que más le gusta, y ayúdale a vestirse y a prepararse. Si va a imitarte en el trabajo, déjale que se vista como tú, que compruebe si lleva el maletín y el móvil, o cualquier cosa que uses tú para trabajar, y deja que sea tu compañero de trabajo por un rato. Si quiere maquillarse, déjale un pintalabios o un poco de colorete.

Variantes

✔ Cuando ya hayas practicado varias veces este juego con tu hijo, deja que juegue él solo o con uno o dos amiguitos. Métalos en la habitación o en el salón, coloca sobre la cama o el sofá un buen número de complementos y déjalos a su aire. Te sorprenderá lo mucho que tienen interiorizado sobre tu forma de comportarte.

23
Busca, busca

Qué necesitas: unos saquitos o unos rectángulos de cartón con una cifra escrita, que corresponderá al valor del billete

Características básicas del juego:
- Es un juego de interior y exterior
- Es un juego de observación
- No ensucia, pero desordena

Número de participantes: sin límite

Duración: 15 minutos - 1 hora

Qué trabaja y aprende el niño:
El niño aprende a buscar y desarrolla sus dotes de observación.

Explicación del juego:
Para empezar hay que preparar los saquitos o cartones. Si

optamos por utilizar los cartones, recortaremos unos rectángulos de cartulina y anotaremos la cifra con un rotulador. Si optamos por confeccionar saquitos, recortaremos varios rectángulos de tela, los coseremos (dos telas puestas del revés para cada saquito), les daremos la vuelta, los rellenaremos de algodón o de arroz y luego pintaremos la cifra con un rotulador especial para tejidos. Deja que los niños colaboren en la elaboración de los billetes o los saquitos.

A continuación el director del juego debe esconder todos los cartones o saquitos sin que los jugadores le vean. Debe tener en cuenta la cantidad que llevan anotada y esconder los más valiosos en los escondites más difíciles. Los posibles escondites son infinitos: un cajón, debajo de un cojín, entre la ropa o los juguetes, en una percha, etc. Cuando el director de juego de la señal, todos los niños empezarán a buscar los billetes. Transcurridos cinco o diez minutos, dependerá de la dificultad, hará una nueva señal y los niños deberán dejar de buscar. Luego cada jugador, con la ayuda del director, contará el valor de los billetes que ha localizado. Ganará el que haya logrado amasar la mayor fortuna.

Variantes

✔ Forma dos equipos que estén compensados, sobre todo si hay niños de distintas edades. Luego esconde una serie de tesoros y da la señal para que inicien la búsqueda. En lugar de jugar individualmente, jugará un equipo contra el otro. Vencerá el que consiga encontrar más tesoros.

✔ Uno de los niños sale fuera de la estancia y los demás esconden un objeto. El que estaba fuera entra y empieza a buscarlo. Los demás pueden darle pistas diciéndole «frío, frío» cuando esté lejos, «caliente, caliente» cuando se acerque al objeto en cuestión o «que te quemas» si está muy, muy cerca.

✔ Puedes organizar la búsqueda por el jardín o incluso en la montaña. En ese caso es aconsejable que haya varios adultos vigilando, para que ningún niño se descarríe. Y que luego recojáis los billetes que hayan quedado escondidos y cualquier resto de suciedad. Hay que enseñar a los niños a conservar la naturaleza en buen estado.

24
Calcos de cortezas

Qué necesitas: hojas de papel blancas o de colores suaves, cinta adhesiva de pintor y un lápiz blando o unas ceras.

Características básicas del juego:
- Es un juego de exterior
- Es una manualidad
- No ensucia

Número de participantes: entre 1 y 6 niños

Duración: 10 – 20 minutos

Qué trabaja y aprende el niño:
Con esta actividad el niño aprenderá a disfrutar de la naturaleza y a distinguir los distintos árboles y sus características.

Explicación del juego:

Una vez en el bosque o en el parque pega una hoja de papel en el tronco de un árbol con un poco de cinta adhesiva de pintor. El papel debe quedar a la altura del niño, para que pueda acceder a él sin problemas. Luego dale un lápiz blando o una cera de color oscuro y pídele que garabatee suavemente sobre el papel, de izquierda a derecha. Aparecerá un curioso dibujo que será el calco de la corteza. Coge una hoja del árbol y pégala en una esquina de la hoja con un trozo de cinta. Luego repite la operación con la corteza de otro árbol distinto. Si tienes varios niños, cada uno puede calcar la corteza de un árbol determinado. Una vez terminados, mete los calcos en un sobre para que no se estropeen. Cuando lleguen a casa pueden colgar los calcos en su habitación.

Variantes

✔ Una vez en casa coge un libro de consulta que hable de árboles y ayúdales a identificar los calcos. Usa la hoja que has pegado en las esquinas para descubrir el nombre del árbol. Anota dicho nombre en el calco correspondiente. Si alguno de los niños ya sabe escribir, deja que lo haga él.

✔ Cuando ya hayan identificado los árboles pueden usar las hojas para hacer calcos de hojas. Coloca varias hojas sobre la mesa, pon encima la hoja de papel y pasa una cera por encima, garabateando. Pueden usar ceras de distintos colores. Así obtendrán un diseño más bonito.

25
El puente colgante

Qué necesitas: nada

Características básicas del juego:
- Es un juego de exterior
- Es un juego de equilibrio
- No ensucia

Número de participantes: un mínimo de 9 niños

Duración: 10 – 30 minutos

Qué trabaja y aprende el niño:

Este juego desarrolla la velocidad y los reflejos del pequeño, facilita la relación con otros niños y le enseña a seguir órdenes sencillas.

Explicación del juego:

Los jugadores se distribuyen en dos hileras separadas entre sí por una distancia de entre 3 y 5 metros. Traza una línea delante de cada hilera, para que los niños sepan dónde deben situarse y hasta dónde deben correr. En el centro de ese pasadizo se coloca uno de los niños, el que inicia el juego. Cuando el del centro grita: ¡Cruzad el puente!, todos los jugadores se lanzan a la carrera hacia la hilera contraria, es decir, los que están en la hilera de la derecha corren hacia la izquierda y viceversa. La misión de los jugadores es llegar a la otra hilera sin ser capturados por el del centro; además deben esquivar a los jugadores que vienen del otro lado, ya que un encontronazo frenaría su velocidad y facilitaría la labor del que captura. Cuando un jugador es atrapado pasa a formar parte del grupo central de cazadores. Así pues, cada ronda aumenta el número de cazadores y disminuye el de las presas potenciales. El último en ser capturado es el ganador y ocupará la posición central en la siguiente partida.

Variantes

✔ Los cazadores que están en el centro deben cogerse de la mano. Si se sueltan no puede pillar a nadie, porque pierden la fuerza.

✔ Si los niños son más grandes, la distancia entre las dos hileras puede ser mayor, de unos 10 o 15 metros.

26
Pisapapeles personalizados

Qué necesitas: piedras planas de tamaño mediano, pinturas, pinceles, barniz

Características básicas del juego:
• Es un juego básicamente de interior, pero también puede practicarse en el exterior
• Es una manualidad
• Ensucia

Número de participantes: entre 1 y 6 niños

Duración: 15 – 30 minutos para encontrar las piedras y pintarlas; 10 minutos para barnizarlas

Qué trabaja y aprende el niño:
Esta actividad desarrolla la creatividad del niño y le enseña que en la naturaleza hay muchas cosas que pueden aprovecharse y tener una función práctica.

Explicación del juego:
Lo primero que hay que hacer es escoger unas cuantas piedras que no sean ni muy grandes ni muy pequeñas. Hay que lavarlas bien, para quitarles cualquier resto de polvo o suciedad que puedan tener, y luego dejarlas secar. A continuación coloca papel de periódico sobre la mesa, saca las pinturas y los pinceles, pon a los niños un delantal plastificado para hacer manualidades y deja que cada uno pinte su piedra libremente. Antes de empezar puedes sugerirles algunas ideas o mostrarles distintas combinaciones de colores. Una vez acabadas deben dejar que se sequen bien y luego darles una mano de barniz. El resultado será un original pisapapeles que lucirá genial en la oficina de papá o mamá.

Variantes

✔ Compra pegamentos de colores y enséñales a decorar la piedra con ellos.
✔ Una vez pintada la piedra, añade un poco de cola transparente en algunas zonas y espolvoréalas con purpurina.

27
El bailarín caprichoso

Qué necesitas: música

Características básicas del juego:
- Es un juego de interior y de exterior
- Es un juego musical
- No ensucia

Número de participantes: un mínimo de 9

Duración: 10 – 20 minutos

Qué trabaja y aprende el niño:
A disfrutar jugando con otros niños, a bailar y a seguir el ritmo. A llevar a cabo indicaciones sencillas.

Explicación del juego:
Uno de los jugadores es el bailarín caprichoso. El resto de niños se cogen de la mano y forman un corro. Cuando empieza a sonar la música, levantan los brazos formando una serie de arcos. El bailarín empieza a entrar y salir por los arcos bailando al compás de la música. Cuando cesa la música, el bailarín se detiene delante de uno de los jugadores, el que le queda más cerca en ese momento, y le hace una reverencia. La música empieza a sonar de nuevo y el jugador elegido por el bailarín se une a éste en su danza a través de los arcos. El nuevo dirige y el bailarín le sigue. Dan una vuelta

completa al círculo y luego, al llegar de nuevo al lugar que ocupaba el que ahora marca el paso, se detienen. Allí se hacen una reverencia el uno al otro y se separan. El bailarín se coloca en el lugar vacío y el segundo se convierte en el nuevo bailarín. El juego empieza de nuevo. El adulto encargado de dirigir el juego debe vigilar que todos los niños hagan de bailarín más o menos el mismo número de veces.

Variantes

✔ Cuando el bailarín y el elegido giran alrededor del corro, lo hacen saltando a la pata coja, saltando con los dos pies juntos o arrastrándose por el suelo.

✔ Los del corro no levantan los brazos, si no que siguen el ritmo de la música dando palmas.

28
Una de barro

Qué necesitas: un trozo de barro, tijeras, fieltro, pegamento, pinturas, pinceles, barniz.

Características básicas del juego:
• Es un juego de interior
• Es una manualidad
• Ensucia, y bastante

Número de participantes: entre 1 y 8, para poder controlarlos bien.

Duración: 20 minutos – 1 hora para confeccionarlo; otros 20 – 40 minutos para pintarlo; 10 minutos para barnizarlo

Qué trabaja y aprende el niño:

Esta actividad desarrolla la creatividad del pequeño mediante la manipulación de nuevos materiales. El niño descubre asimismo que las cosas pueden transformarse y que a partir de una masa informe puede construirse un objeto que sirva para algo.

Explicación del juego:

Cubre la mesa de trabajo con un plástico o con hojas de periódico. Da un trozo de barro a cada niño y deja que estén un rato manipulándolo y familiarizándose con él. Luego enséñales a confeccionar un objeto concreto. Pueden hacer un cuenco para guardar clips sujetapapeles, sacapuntas, gomas de borrar o unos cuantos caramelos para las visitas. Primero deben confeccionar la base. Enséñales a moldear una tira larga con las palmas abiertas. Luego deben enrollarla como si fuera un caracol y alisar su superficie por los dos lados. A continuación deben confeccionar otra tira y colocarla resiguiendo el perímetro de la base. Para que quede bien pegada a la base deben trabajarla despacito con los dedos. Enséñales a hacerlo. Una vez terminado el cuenco deben dejarlo secar.

Cuando ya esté bien seco pueden pintarlo a su gusto. Coloca un poco de pintura de distintos colores en una huevera de plástico y dales un pincel.

Cuando la pintura esté bien seca, es importante darle una

capa de barniz, para proteger la pintura y para poder limpiar el cuenco en caso necesario. Si lo deseas, para evitar que el cuenco raye la superficie de los muebles, puedes recortar un trozo de fieltro circular, un poco menor en diámetro que el cuenco, y pegarlo en la parte inferior de éste con el pegamento.

Variantes

✔ Pueden confeccionar un muñeco de nieve o una ovejita para el belén.

✔ Pueden confeccionar tres medallas y luego pintarlas del modo tradicional, es decir, una de oro, otra de plata y otra de bronce. Luego pueden utilizarlas para premiar a los ganadores de alguna competición o concurso.

✔ Pueden confeccionar adornos para el árbol de navidad, por ejemplo unas cuantas estrellas y unas cuantas campanas, y pintarlos de color plateado o dorado. Deben hacer un agujerito a cada figura cuando todavía están blandas, para luego poderlas colgar.

29
Sombras chinescas

Qué necesitas: un día soleado o una lámpara, una pared.

Características básicas del juego:
- Es un juego de interior y de exterior
- Es un juego tradicional
- No ensucia

Número de participantes: entre 1 y 3

Duración: 10 – 20 minutos

Qué trabaja y aprende el niño:

Que las sombras también pueden ser divertidas, que puede proyectar figuras con las manos, que para que se forme una sombra hace falta algo de luz. Además, aprende a observar e imitar tus movimientos para crear sus propias figuras y a identificar una sombra con la figura que representa.

Explicación del juego:

Aprovecha que el sol proyecta sombras sobre una pared despejada o utiliza una lámpara para crear ese efecto en una pared de su habitación. Enséñale lo que son las sombras chinescas con algunos ejemplos.

Para hacer la cabeza de un perro deben colocar la mano plana, de perfil y paralela a la pared. Deben levantar el pulgar hacia arriba y doblarlo ligeramente, como si fuera la oreja del perro. Luego deben mover el dedo meñique hacia abajo para abrir la boca del animal. Al hacerlo pueden decir: «Guau».

Para hacer un hermoso cisne deben colocarse de modo que solo se proyecte sobre la pared la parte superior de su cabeza. Luego levantan un brazo hacia arriba y lo pegan a la cabeza como si la rodeara, formando el cuello del cisne. Doblan ligeramente la mano, para que parezca la cabeza y el pico. Entonces se balancean lentamente, como si el animal se deslizara por las aguas de un estanque.

Los pájaros también son fáciles de hacer. Deben juntar los pulgares y extender los dedos de las manos para hacer las alas. Luego basta con que agiten las alas mientras suben y bajan los brazos, para que parezca que está volando.

También pueden probar con el zorro, aunque es un poco más difícil. Deben doblar los dos dedos del medio hacia abajo

hasta tocar el pulgar, para formar el hocico. Luego deben estirar hacia arriba el meñique y el índice, como si fueran las orejas del zorro.

Variantes

✔ Cuando los niños hayan aprendido a hacer distintas figuras, pueden representar una obra de sombras chinescas entre todos. Ayúdales a pensar la historia que van a contar, a repartir los papeles y a representarla. Pueden representarla entre dos o tres y el resto de niños hacen de público.

JUEGOS PARA NIÑOS DE *3* A *4* AÑOS

1
¿Qué es eso que oigo?

Qué necesitas: paquetes de arroz, garbanzos o judías secas; tapas de ollas, botellas de cristal, cucharas de madera y metálicas.

Características básicas del juego:
- Es un juego de interior
- Es un juego auditivo
- No ensucia

Número de participantes: sin límite

Duración: 10 – 20 minutos

Qué trabaja y aprende el niño:
Aprende a escuchar y a captar las diferencias entre sonidos parecidos, sobre todo su tono, su melodía y sus propiedades rítmicas. Descubre que un sonido determinado puede expresar una emoción o evocar una imagen.

Explicación del juego:
Sienta a los niños en el suelo, delante de ti, para que puedan verte bien. Coge el paquete de arroz y el de garbanzos. Sacú-

delo delante de los niños, primero uno y luego el otro, y pregúntales si notan que suenan distinto. Luego pídeles que se
tapen los ojos, o que se den la vuelta, y repítelo. Cuando tú
sacudas uno de los paquetes, ellos deben decir de que se
trata: «arroz» o «garbanzos». Primero deja que contesten
todos a la vez. Luego di el nombre de uno de los niños y
sacude el paquete; ese niño es el que tiene que adivinar de
qué se trata. Luego repite el ejercicio golpeando una tapa con
una cuchara metálica primero y con una cuchara de madera
después. Ahora las opciones serán «metal» o «madera».

Variantes

✔ Pídeles que digan «aaauuu». El sonido «aaa» es grave,
mientras que el sonido «uuu» es agudo. Sugiéreles que lo

digan gritando, canturreando, silbando y susurrando. Primero hazlo tú un par o tres de veces y luego anímales a imitarte

✔ Ofréceles dos tapas de olla para que toquen los platillos; una olla y una cuchara, para que toquen el tambor; o una botella de cristal tallado y una cuchara. Tendrás una orquesta muy ruidosa y de lo más original.

✔ Llévatelos al parque y enséñales a escuchar. Pídeles que se fijen en el gorjeo de los pájaros, en el crujir de las hojas bajo sus pies, en el graznido de los patos, en el rugido del cortacésped. Luego anímales a emitir sonidos nuevos: diles que cojan un palo y lo arrastren por una barandilla; o que cojan una piedra y la lancen al estanque.

2
Obras de cera

Qué necesitas: pinturas en polvo o colorantes alimenticios, papel, velas, ceras, cartulina, palillos mondadientes o clips sujetapapeles, papel de cocina, delantales, toallitas y algo para cubrir el suelo y la mesa.

Características básicas del juego:
- Es un juego de interior
- Es una manualidad
- Ensucia bastante

Número de participantes: entre 1 y 6, para que puedas echarles una mano a todos.

Duración: 20 minutos – I hora

Qué trabaja y aprende el niño:
Es una actividad tan mágica y fascinante que le invita a experimentar y a expresarse artísticamente. Además, le ayuda a mejorar el control de sus dedos y la coordinación manual y visual.

Explicación del juego:
Mezcla un poco de pintura en polvo o de colorante alimenticio con agua. Comprueba que la mezcla es correcta probándola en un trozo de papel que no sirva. Debe quedar una capa transparente con un poco de color.

Diles que cojan la vela y dibujen algo pequeño en una hoja de papel. Luego enséñales a cubrirlo con una capa del color que has preparado antes. Cuando el papel esté seco pídeles que repitan el proceso. Pueden ampliar el dibujo original o dibujar otra cosa en otra parte de la hoja. A continuación diles que deben dar otra capa con la pintura aguada. La intensidad del color será mucho menor en las partes que hayan pintado con la vela.

Variantes

✔ Mientras esperan que se seque el trabajo anterior, diles que hagan un dibujo con ceras en una cartulina. Luego pídeles que lo cubran con una capa de la pintura aguada o con una capa de pintura en polvo espesa. La pintura no se pega sobre las ceras y por tanto el dibujo original podrá verse a través de la pintura. Queda espectacular si se utilizan ceras de colores vivos y luego se cubren con una capa de pintura negra o marrón.

✔ Coge una cartulina pequeña y diles que la pinten con dos o tres capas gruesas; sugiéreles que utilicen ceras de colores vivos. Las capas pueden ser del mismo color o de distintos colores distintos. Luego deben cubrirlo todo con una capa de cera negra. A continuación ofréceles algún objeto pequeño que raspe, como un palillo mondadientes o un clip sujetapapeles un poco abierto. Diles que los pasen por encima del negro, trazado líneas, garabatos o algún dibujo; aparecerán los colores que hay debajo creando un bonito efecto.

3
Bolas de navidad

Qué necesitas: lanas de colores navideños, cartulina, tijeras, dos objetos circulares que mida respectivamente unos 10 cm de diámetro y unos 3 cm de diámetro

Características básicas del juego:
- Es un juego de interior
- Es una manualidad
- No ensucia

Número de participantes: entre 1 y 8

Duración: 15 – 30 minutos

Qué trabaja y aprende el niño:

Desarrolla la destreza manual y la creatividad del niño. Permite que participe activamente en los preparativos de la navidad y por tanto que viva esta época de forma más intensa y que fortalezca los lazos afectivos con el resto de miembros de la familia.

Explicación del juego:

Corta dos círculos de cartulina iguales, de unos 10 cm de diámetro. En el centro de ambos recorta un círculo más pequeño, de unos 3 cm de diámetro. Junta los dos círculos superponiéndolos, pero sin pegarlos, corta un trozo de lana largo y pásalo por el centro. Sujétalo con el dedo y enróllalo alrededor de los círculos, pasando cada vez por el centro, hasta forrarlos por completo. Puedes empezarlo tú y luego dejar que sigan los niños. Es preferible poner lana abundante, aunque pases varias veces por el mismo lugar, ya que así la bola

quedará más compacta y bonita. Cuando se acabe el hilo de lana pueden añadir otro trozo, igual o de otro color. Cuando el cartón esté bien forrado, hay que recortar la lana por la parte exterior de los círculos, justo por el espacio que queda entre los dos cartones. Una vez recortada la lana, y antes de retirar los cartones, atamos con otro trozo de lana la parte central de la bola, por entre dichos cartones. Dejamos que la lana cuelgue un poco, para luego poder colgar la bola del árbol. Cuando esté bien sujeta ya podemos retirar los cartones, aunque sea a trozos. La bola adquirirá su forma definitiva. Ya solo queda colgarlas en el árbol.

Variantes

✔ Para confeccionar una ornamentación navideña de lo más variada y original, utiliza lanas de distintos colores (en las tiendas de lanas encontrarás miles de modelos, muchos de ellos muy navideños) y círculos de distintos tamaños (más grandes y más pequeños que el anterior).

4
En la granja de Pepito

Qué necesitas: nada

Características básicas del juego:
- Es un juego de interior y de exterior
- Es un juego musical
- No ensucia

Número de participantes: sin límite

Duración: 10 – 20 minutos

Qué trabaja y aprende el niño:

Se trata de una canción que en lugar de acciones incluye sonidos. A los niños les gustará mucho porque les encanta gruñir y emitir sonidos extraños. Y así, repitiendo sonidos, practicarán algunas habilidades básicas que más adelante le serán muy útiles para dominar la lectura.

Explicación del juego:

Enséñales la canción y los sonidos que deben emitir en cada momento. Es la siguiente:

«El viejo granjero tenía una granja, ia, ia, o,

y en la granja había un perro, ia, ia, o,

con el perro (guau), perro (guau),

pe, pe, perro (guau)».

Luego siguen otras estrofas, por supuesto con sus sonidos correspondientes. Puedes añadir tantos animales como quieras.

«Con el gato (miau), gato (miau)

ga, ga, gato (miau)

[...]

Con el burro (ia), burro (ia)

bu, bu, burro (ia)

[...]

Con el cerdo (oink), cerdo (oink)

ce, ce, cerdo (oink)

[...]

«Con la vaca (muu), vaca (muu)

va, va, vaca (muu)»

Al final se repiten todos los animales con los sonidos correspondientes:

«Con el perro (guau), con el gato (miau), con el burro (ia), con el cerdo (oink), con la vaca (muu)»

Variantes

✔ Se trata de una canción muy sencilla que los niños aprenderán en seguida. El juego consiste en repetirla sustituyendo primero todas las vocales por la A, luego todas las vocales por la E, luego todas por la I, luego todas por la O y finalmente todas por la U. La canción dice así:

«Cuando Fernando séptimo usaba paletón,
cuando Fernando séptimo usaba paletón,
cuando Fernando séptimo usaba paletón, paletón,
usaba paletón.

Y luego se repite haciendo las sustituciones pertinentes:
Canda Farnanda Sáptama asaba palatán
Quende Fernende sépteme esebe peletén
Quindi Firnindi síptimi isibi pilitín
Condo Fornondo sóptomo osobo polotón
Cundu Furnundu súptumu usubu pulutún».

5
El rey musical

Qué necesitas: música

Características básicas del juego:
- Es un juego de interior y de exterior
- Es un juego musical
- No ensucia

Número de participantes: sin límite

Duración: 10 – 20 minutos

Qué trabaja y aprende el niño:
Esta actividad enseña al niño a reproducir una secuencia imitando a otros. Además, le permite empezar a tocar el primer instrumento musical de que dispone, es decir, su propio cuerpo.

Explicación del juego:
Primero debes enseñarles a crear ritmos con su cuerpo: pueden dar palmadas, zapatear con los pies, golpear la palma de la mano con los dedos, entrechocar los zapatos, darse palmadas en los muslos, chasquear la lengua, canturrear tapándose la nariz, etc.

Empieza marcando un ritmo con un solo sonido y pídeles que te imiten. Debe tratarse de algo sencillo, de un ritmo regular en una secuencia breve. Por ejemplo, palmada, palmada, palmada o zapateo, zapateo, zapateo. En cuanto aprendan a copiar un ritmo utilizando una sola parte del cuerpo, podrás comenzar a introducir ritmos variados en los que utilicen sonidos largos y breves y varias partes del cuerpo. Por ejemplo, dar una palmada, zapatear dos veces rápido, dar tres palmadas en los muslos y chasquear cuatro veces con la lengua. Prueba a hacerlo con música o cantando una canción.

Variantes

✔ Enséñales a leer una secuencia y a representarla. Anota en una hoja la secuencia. Para indicar un sonido largo dibuja una línea larga; para indicar un sonido breve, dibuja un punto o una línea corta. Muéstrales cómo se representa. Explícales que pueden representar una misma secuencia de distintas maneras.

✔ Los niños se colocan en fila, uno detrás de otro, formando un trenecito. El primero es el líder, de modo que todos los demás deben imitarle: si él levanta la mano derecha, todos levantan la mano derecha; si se desplaza haciendo eses, todos se desplazan haciendo eses; si se sienta, todos se sientan; si se toca la punta de la nariz, todos se tocan la punta de la nariz. Puedes poner música de fondo o animarles a cantar alguna canción que conozcan. Cada cierto tiempo el rey se coloca al final del trenecito cediendo así la corona al siguiente de la fila.

6

La canción de los números

Qué necesitas: nada

Características básicas del juego:
- Es un juego de interior y de exterior
- Es un juego musical y de observación
- No ensucia

Número de participantes: sin límite

Duración: 10 – 20 minutos

Qué trabaja y aprende el niño:
El niño aprende a contar y empieza a comprender lo que significan los números, algo fundamental para que en el futuro pueda comprender las matemáticas.

Explicación del juego:
Existen muchas rimas para aprender los números. Enséñaselas en un momento que estén tranquilos y receptivos. Anímales a participar contando los números con los dedos de la mano y reproduciendo las imágenes que la rima sugiere.

> «El uno es un soldado haciendo la instrucción (hacen el saludo militar con la mano)
> el dos es un patito que está tomando el sol (simulan el cuello y el pico con el brazo)

el tres una serpiente que baila sin parar (hacen eses con la mano hacia arriba)

y el cuatro es una silla que invita a descansar, ¡ah! (se sientan)

el cinco tiene orejas, parece un conejito (hacen las orejas con las manos en la cabeza)

el seis es una pera que tiene un rabito (dibujan el rabito en el aire)

el siete es un sereno con gorra y con bastón (se ponen la gorra en la cabeza y el bastón bajo el brazo)

y el ocho son las gafas que lleva don Ramón (hacen un círculo con el índice y el pulgar de cada mano y los juntan)

el nueve es un globito atado a un cordel (hacen ver que lo llevan en la mano)

y el cero un tiovivo para pasarlo bien (dibujan círculos con el índice de una mano)».

Variantes

✔ Los niños se colocan en círculo y cuentan mientras cantan la rima siguiente:

«Zapatito blanco, zapatito azul
dime cuántos años tienes tú. (Al que le toca dice los años que tiene, por ejemplo cuatro.)
Un, dos, tres, y cuatro. (Al que le toca cuando se acaba la rima queda eliminado o pierde una vida de un total de tres.)

Un, dos, y un, dos, tres, (cuentan con los dedos)
Suman cinco y cojo un pez (muestran los cinco dedos).
Seis, siete, ocho, nueve y diez, (cuentan con los dedos)
luego al agua otra vez (muestran los diez dedos.)
Librarlo decidí
porque un mordisco recibí.
Mordió ese pez pillín
mi pobre meñique chiquitín (muestran el dedo meñique de una mano).

Un elefante se balanceaba
sobre la tela de una araña,
como veía que no se caía
fue a llamar a otro elefante.
Dos elefantes se balanceaban
sobre la tela de una araña,
como veían que no se caían
fueron a llamar a otro elefante.
Tres elefantes se balanceaban...
cuatro elefantes se balanceaban...
(Y seguimos añadiendo elefantes hasta que nos cansemos).

- Hazle preguntas que le obliguen a contar y por tanto a practicar los números:
¿Cuánta gente hay haciendo cola en la panadería?
¿Cuántos niños van en el vagón del metro?

¿Cuántos columpios hay en el parque?

¿Cuántas galletas quedan en el paquete?

¿Cuántos pasos hay desde tu cama hasta el baño?

¿Cuántos libros hay en la estantería?

¿Cuántas monedas necesitamos para comprar la leche?

¿Cuántos vasos debes poner en la mesa para la cena?».

7
Grupos de tres

Qué necesitas: música

Características básicas del juego:
- Es un juego básicamente de exterior, aunque también puede practicarse en el interior
- Es un juego musical y de habilidad
- No ensucia

Número de participantes: un mínimo de nueve niños

Duración: 15 – 30 minutos

Qué trabaja y aprende el niño:
Esta actividad sirve para desarrollar los reflejos y la sincronización en equipo. Y para repasar los números.

Explicación del juego:
Los niños se desplazan libremente por el terreno de juego,

mezclándose con los compañeros y moviéndose en cualquier dirección mientras suena la música. Transcurrido algún tiempo, el director de juego para la música y da una orden en voz alta. Las órdenes serán del tipo: «grupos de tres», «grupos de dos», «grupos de cuatro». Dependerán del número de jugadores. Al oír la orden los niños deben juntarse con otros niños hasta formar un grupo con el número de miembros indicado. Los niños que no consigan formar un grupo correcto quedan eliminados. Cuando vuelva a sonar la música, los niños deshacen los grupos e inician una nueva ronda. Ganan los últimos en quedar eliminados.

Variantes

✔ Los niños corren libremente por el terreno de juego. Cuando el director de juego grita «aire» deben subirse a algo que esté ligeramente elevado: un escalón, un bordillo, una maceta, un banco, etc. Cuando diga «mar» deben bajar al nivel del suelo. Y cuando diga «suelo» deben tirarse al suelo. El que se equivoque o no haga lo que se le manda, queda eliminado. Gana el último en ser eliminado.

8
Las habichuelas mágicas

Qué necesitas: un tarro de cristal, judías secas, hilo, papel secante, cinta adhesiva, una goma elástica.

Características básicas del juego:
- Es un juego de interior
- Es un experimento relacionado con las plantas
- No ensucia

Número de participantes: entre 1 y 6

Duración: 15 – 30 minutos para prepararlo; unos minutos al día para observarlo

Qué trabaja y aprende el niño:
Es un experimento sencillo que permite observar y entender cómo salen las raíces y los brotes de una semilla. Así

pues, enseña a observar, a hacerse preguntas y a descubrir las respuestas. Y a tener paciencia, ya que las judías tardan cierto tiempo en brotar.

Explicación del juego:

Deja las judías en remojo durante toda la noche. Pide a los niños que te ayuden a hacerlo, para despertar su curiosidad e implicarles. Al día siguiente selecciona unas cuantas judías, las que te parezcan más grandes y bonitas. Ata cada judía con un trozo de hilo. Pide a los niños que te ayuden a confeccionar un rulo con el papel secante, de unas 4-5 capas de grosor. Debe encajar perfectamente en el tarro, así que córtalo a medida, diles que comprueben si queda bien y luego sácalo. Pídeles que metan las judías dentro del tarro, de forma que queden colgando del hilo dentro de él. Fija el hilo en la parte superior del tarro con un poco de cinta adhesiva. Deben colgar más o menos hasta la mitad del tarro. En un tarro normal de mermelada pueden colgar unas cuatro o cinco judías. Cuando ya estén todas colgadas, ayúdales a colocar una goma elástica alrededor del cuello del tarro, para que los hilos no se muevan. Diles que metan el rulo de papel secante dentro del tarro intentando no mover demasiado las judías. Estas deben quedar suspendidas entre el cristal y el papel secante. Basta con que toquen el papel ligeramente. Pídeles que viertan un poco de agua en el tarro. Deja que el papel secante la chupe. Debe quedar un poco de agua en el fondo del tarro, pero las judías no deben quedar sumergidas. El papel secante debe estar siempre húmedo y las judías en contacto con éste. Además deben recibir mucha luz, por lo que deben poner el tarro junto a una ventana. En cuanto las judías germinen, los niños podrán observar cómo crecen las raíces y los brotes. Muéstrales que las raíces crecen hacia abajo y los brotes hacia arriba.

Una vez que las judías hayan brotado, retira todas las que puedas del tarro y plántalas en una maceta con fertilizantes orgánicos (o mejor aún en el jardín) y enseña a los niños a regarlas con cuidado. Transcurridos unos meses producirán una cosecha de judías.

Coge una de las judías que han brotado y retírale con cuidado la piel. Diles que observen las dos mitades de la judía. Pregúntales si saben por dónde empezó a crecer la judía.

Variantes

✔ Coge dos macetas y planta en ellas unas cuantas alegrías. Coloca una maceta en un armario oscuro y otra al sol. Cada pocos días observadlas y comprobad qué ha sucedido. Dentro de casa haz que observen que las plantas crecen hacia la ventana, o sea hacia la luz. Y en el jardín las plantas de las zonas sombreadas se inclinan buscando también la luz.

✔ Observad qué les ocurre a las plantas de interior si no las regáis. Antes de salir de casa, regad las plantas que están mustias y en cuanto regreséis observarlas de nuevo. Muéstrales lo que les ocurre a las plantas del jardín cuando hace mucho calor y no llueve.

9
Espejito, espejito mágico

Qué necesitas: espejos de distintos tamaños, algún juguetito pequeño, baldosas que reflejen, cinta adhesiva, un palillo
chino, una jarra, una botella de plástico.

Características básicas del juego:
- Es un juego de interior y de exterior
- Es un juego experimental
- No ensucia

Número de participantes: entre 1 y 6 niños

Duración: 10 – 20 minutos

Qué trabaja y aprende el niño:
Aprende a realizar experimentos sencillos. Esta actividad
potencia la observación minuciosa y sistemática, una habilidad que le será muy útil en su vida académica.

Explicación del juego:
El objetivo de este juego es mostrar al niño cómo se refleja
la luz. Explícale que cuando la luz tropieza con algo suele des-
aparecer, como si el objeto con el que ha tropezado se la tra-
gara. Sin embargo, en el caso de los espejos actúa de otro
modo: rebota y vuelve hacia el lugar de origen. Deja que lo
compruebe por sí mismo. Ofrécele un espejo de mano, de
los de bebé, y pídele que intente atrapar el sol. Luego sugié-

rele que juegue con el reflejo que proyecta sobre la pared. Dile que haga lo mismo con una baldosa que refleje; puedes envolver las esquinas con un poco de cinta adhesiva, para que no se haga daño.

Variantes

✔ Coloca un juguetito pequeño delante del espejo. Luego mueve el juguetito hacia atrás. El juguetito que aparece reflejado en el espejo retrocederá la misma distancia. Deja que repita el experimento con otros objetos.

✔ Anota en un papel el nombre del niño o una palabra sencilla que reconozca. Las letras deben ser grandes y claras. Luego pídele que sujete el papel de cara al espejo. Pregúntale qué observa.

✔ Pídele que se mire en el espejo de un armario o de un probador. ¿Qué ocurre con las cosas que están detrás de él si mueve la puerta o el espejo del probador?

✔ Ofrécele una jarra y un palillo chino. Dile que intente meter el palillo chino en la jarra mirando únicamente el reflejo que ve en el espejo. Cuando lo consiga, pídele que repita la operación, pero ahora con un palillo chino y una botella de plástico.

✔ Cuando el baño se llene de vaho, aprovecha para escribir algo en el espejo. Al día siguiente, cuando vuelva a bañarse, pídele que se fije en si todavía está lo que anotaste.

10
El baile de los globos

Qué necesitas: un globo para cada niño, un ovillo de lana, música.

Características básicas del juego:
- Es un juego de interior y de exterior
- Es un juego de habilidad
- No ensucia, salvo por los restos de los globos

Número de participantes: sin límite

Duración: 10 – 20 minutos

Qué trabaja y aprende el niño:
Esta actividad desarrolla el sentido del ritmo y los reflejos del pequeño. Le ayuda a superar el miedo a hacer el ridículo, por lo que resulta especialmente indicado para niños retraídos o muy vergonzosos.

Explicación del juego:
Cada niño hincha su globo, o coge un globo hinchado por el adulto, y se lo ata con un trozo de lana al tobillo. Cuando empieza a sonar la música los niños se ponen a bailar libremente. Mientras bailan deben intentar pisar el globo de los demás niños y evitar que los otros pisen el suyo. Los niños que estén poco habituados a bailar o que tengan un acusado sentido del ridículo tendrán la excusa perfecta para dejarse

ir y moverse con absoluta libertad. Gana el niño o los niños que al finalizar la canción sigan con el globo intacto.

Variantes

✔ Se da un pañuelo, o un trozo de papel de cocina, a cada niño. Se lo colocan en un bolsillo del pantalón, de los de atrás, o cogido con la goma de la parte de atrás de la falda. Cuando el director de juego hace sonar el silbato empiezan a correr por el terreno de juego. Cada niño debe intentar coger el pañuelo de los demás niños pero intentando que los demás no le cojan el suyo. Gana el niño que consiga coger más pañuelos. También se puede jugar por equipos: pañuelos amarillos contra pañuelos azules.

11
Engánchate al tren

Qué necesitas: nada

Características básicas del juego:
• Es un juego de exterior
• Es un juego d ehabilidad
• No ensucia

Número de participantes: sin límite

Duración: 10 – 20 minutos

Qué trabaja y aprende el niño:

Este juego desarrolla la motricidad y la agilidad del niño. Además, le enseña a trabajar en equipo para conseguir un objetivo.

Explicación del juego:

Primero se sortea el niño que empieza pillando. Puedes aprovechar para enseñarles alguna rima típica de las que se usan para realizar este tipo de selección, es decir, para echar a suertes:

«Pito, pito, gorgorito, dónde vas tú tan bonito, a la acera verdadera, pim, pam, fuera, tú te vas y tú te quedas.

Pito, pito, colorito, dónde vas tú tan bonito, a la era de mi abuela, pim, pom, fuera, sota, caballo y rey, la manzana podrida te la comes tú.

Pinto, pinto, gorgorito, saca la vaca de veinticinco. ¿En qué lugar? En Portugal. ¿En qué calleja? En la Moraleja. Esconde la mano que viene la vieja».

Una vez elegido el que pilla, empieza el juego. Los niños corren libremente por el espacio delimitado mientras el que pilla intenta atraparlos. Cuando atrapa a un niño, éste le da la mano formando una cadena. Así, cogidos de la mano y sin soltarse, deben intentar pillar a los demás. Cada vez que atrapan a uno, la cadena se vuelve un poco más larga. Gana el niño que consigue sobrevivir sin que le pillen.

Variantes

✔ Cuando forman la cadena, se colocan uno mirando hacia un lado y el otro hacia otro, el siguiente mirando hacia donde mira el primero y el cuarto hacia donde mira el segundo, y así sucesivamente. De este modo unos, los impares, correrán hacia delante y otros, los pares, hacia atrás. Es importante que el primero de la cadena dirija a los demás.

✔ Cada tres niños forman una cadena. Cuando cazan al cuarto, éste empieza una nueva cadena. Resulta ideal cuando hay muchos niños.

12
¡Qué puntería!

Qué necesitas: hojas de periódico, calcetines doblados, bolas de espuma, saquitos rellenos de bolitas; cubos, palanganas o cacerolas; música.

Características básicas del juego:
- Es un juego de interior y de exterior
- Es un juego de puntería
- No ensucia

Número de participantes: entre 2 y 8 niños

Duración: 15 – 30 minutos

Qué trabaja y aprende el niño:
Con esta actividad el niño mejora su técnica de lanzamiento y su puntería, así como su coordinación manual y visual. Aprende a calibrar las distancias y afina su concepción del espacio.

Explicación del juego:
Enséñales a confeccionar una pelota con papel de periódico o dale un saquito relleno de bolitas o una pelota de espuma pequeña. Coloca delante de ellos, pero a cierta distancia, un cubo grande, una palangana, una cacerola mediana y un cazo pequeño. Dibuja una línea en el suelo, para que sepan desde dónde tienen que lanzar. Los niños se colocan detrás de la

línea, en fila, y por turnos lanzan tres pelotas. Deben intentar encestarlas en alguno de los recipientes. Los recipientes más grandes, como son más fáciles, valen menos puntos que los recipientes pequeños. Así, si meten una pelota en el cubo consiguen un punto; si la meten en la palangana, dos; si la meten en la cacerola, tres; y si la meten en el cazo, cuatro. Anota los puntos que consigue cada niño en una hoja. Pueden hacer varias rondas. Al acabar cada ronda, enséñales la puntuación. Gana el que al final haya conseguido más puntos.

Variantes

✔ Si hay bastantes niños puedes organizar una partida de bolos humanos. Primero mete en un cubo las pelotas: un montón de pares de calcetines doblados (y limpios, claro). Luego divide a los niños en dos equipos: los lanzadores y los bolos. Los que hacen de bolos se colocan en un extremo de la habitación, de espaldas a los lanzadores. Los lanzadores cogen una pelota cada uno y se colocan detrás de la línea de tiro. Por turnos lanzan las bolas de calcetines intentando golpear a alguno de los bolos. Si golpean a un bolo, éste se cae al suelo; enséñales a caerse de forma muy aparatosa, para que resulte más divertido. Cuando todos los bolos estén en el suelo, los equipos intercambian los papeles.

13
Dibujos de arena

Qué necesitas: una bandeja por niño, cartulinas, cuerda, arena, sal o azúcar, hojas de papel oscuro, barra de pegamento, cola para madera, tazones.

Características básicas del juego:
- Es un juego de interior
- Es una manualidad
- Ensucia

Número de participantes: entre 1 y 4 niños

Duración: 20 minutos – 1 hora

Qué trabaja y aprende el niño:
A crear cosas, a experimentar con nuevos materiales, a sentirse orgulloso de su trabajo.

Explicación del juego:
Enséñale a confeccionar un cono grande con una cartulina. Debe dejar un agujero pequeño en el vértice, como si fuera una manga pastelera. Luego ata una cuerda en la parte superior del cono, para poderlo balancear de un lado a otro. Cuelga el cono de una equina de la mesa o de una estantería. Dile al niño que coloque debajo del cono una bandeja grande cubierta con una cartulina de color oscuro. Para que el resultado sea más duradero, puede cubrir la cartulina con

una capa de cola de madera (puede extenderla con un pincel). Dile al niño que tape el agujero del vértice con un dedo y llena el cono con un poco de azúcar, sal o arena seca. Cuando esté preparado dile que retire el dedo del vértice y que empiece a balancear el cono en todas direcciones confeccionando originales diseños. Cuando quiera parar debe colocar un tazón debajo del cono y recoger la arena sobrante. Puede humedecer algunas zonas del papel o dibujar en él algún dibujo sencillo con la barra de pegamento y observar lo que ocurre.

Variantes

✔ Consigue una botella de cristal pequeña para cada niño. Coloca sobre la mesa varios montoncitos de sal. Pídeles que cojan una tiza de color rojo y que la desmenucen. Luego deben mezclar el polvo resultante con uno de los montoncitos de sal. Conseguirán «arena» de color rojo. Con la ayuda de un embudo pequeño enséñales a verter la arena en la botella. Deja que repitan la operación con otro de los montoncitos, pero esta vez con tiza de color azul. Diles que viertan la arena azul en la botella. A continuación deben preparar un poco de arena naranja, o verde, o amarilla. Deben ir añadiendo los montoncitos de distintos colores, de uno en uno y con mucho cuidado. Obtendrán una hermosa y original botella decorativa de gran colorido. Quedan preciosas en el baño.

14
El juego de arrancar cebollas

Qué necesitas: nada

Características básicas del juego:
- Es un juego de interior y de exterior
- Es un juego popular
- No ensucia

Número de participantes: un mínimo de 6

Duración: 10 – 20 minutos

Qué trabaja y aprende el niño:
Aprende a trabajar en equipo y a controlar su fuerza. A pesar de la sencillez del juego, la diversión está asegurada.

Explicación del juego:
Todos los niños menos uno se sientan en el suelo formando una fila. El primero se sienta con la espalda apoyada en algún sitio, por ejemplo una pared o un árbol, y con las piernas estiradas y abiertas. El siguiente se sienta entre sus piernas y en la misma postura. Entonces el primero coge al segundo fuertemente por la cintura. El resto hace lo propio hasta quedar todos sentados y bien agarrados. El único niño que no está sentado se coloca de pie enfrente de la fila y coge las manos de la primera cebolla, o sea, del primero de la fila. A la de tres empezará a tirar de la cebolla hasta con-

seguir arrancarla. Los demás niños deberán tratar de impedirlo sujetándose unos a otros con todas sus fuerzas. Cuando consiga arrancar la primera cebolla, ésta se situará detrás del arrancador, se cogerá a él por la cintura y le ayudará a arrancar la segunda cebolla, que se unirá a ellos para arrancar la tercera y así hasta arrancarlas todas. Dado que los arrancadores pueden acabar cayéndose al suelo, es aconsejable realizar este juego sobre una superficie que no sea demasiado dura, como la arena del parque, la hierba del campo o una colchoneta. Debes explicarles que deben tirar con todas sus fuerzas pero sin hacer daño a los demás niños, es decir, controlando su fuerza.

Variantes

✔ El que arranca las cebollas en lugar de cogerle las manos al primero de la fila como es habitual, cruza las manos, de manera que le coge la mano derecha con su mano derecha, y la izquierda con su mano izquierda.

15
Por fin ha nevado

Qué necesitas: una bandeja, cartulina blanca y gris, purpurina, papel maché; algodón, azúcar extrafino o bolitas de poliespan; adornos de navidad, un espejo, agujas de pino y todos los accesorios que quieras, tales como muñecos, coches, casitas, etc.

Características básicas del juego:
- Es un juego de interior
- Es una manualidad
- Ensucia un poco

Número de participantes: entre 1 y 4

Duración: 30 minutos – 1 hora

Qué trabaja y aprende el niño:
Trabaja la coordinación manual y visual, y también la expresión artística. Es muy aconsejable para niños que todavía no saben dibujar, porque pueden colaborar en su construcción y sentirse orgullosos con el resultado.

Explicación del juego:
Coge la bandeja y coloca encima una cartulina blanca de modo que quede cubierta toda la superficie. Luego pide al niño que te ayude a recubrirlo todo con algodón hidrófilo, con azúcar extrafino o con bolitas de poliespan. Coloca el espejo en una esquina, espolvoréalo con un poco de purpurina y dile que eche por encima las agujas de pino, como si estuvieran flotando sobre la superficie del agua. Confeccionad una carretera con la cartulina gris, para que el niño pueda jugar con los coches por el paisaje nevado. Podéis añadir todo lo que os apetezca: unas montañas nevadas de papel maché, un río hecho con papel de aluminio que desemboque en el lago, unas casitas de montaña, abetos de juguete, etc.

Variantes

✔ Crea un paisaje polar: dale un trozo de plastilina blanca y pídele que confeccione un muñeco de nieve, un par o tres de osos polares y varios pingüinos. Dile que tiene que confeccionar un iglú. Si no sabe cómo son, muéstrale alguna fotografía. Luego coloca una fiambrera semicircular boca abajo en un extremo de la bandeja y pídele que la recubra con una capa fina de plastilina. Dale un clip sujetapapeles abierto y pídele que marque los ladrillos por encima. Haz que añada una puerta y que la cubra con un saliente para protegerla de las inclemencias del tiempo. Añade un lago helado (un espejo cubierto de purpurina) y a un esquimal sentado en una roca y pescando en un agujero. Si se siente muy orgulloso con el resultado, deja que lo lleve al colegio y se lo enseñe a sus compañeros.

16

Mil campanas suenan en mi corazón

Qué necesitas: 5 trozos de caña de bambú de longitudes y grosores distintos, una aguja de tejer o un destornillador, un taladro, papel de lija, pintura o esmalte de uñas, barniz de uso doméstico, cuerda, una aguja de jareta, un posavasos de corcho.

Características básicas del juego:
- Es un juego de interior y de exterior
- Es una manualidad
- Ensucia

Número de participantes: entre 1 y 3

Duración: 30 minutos – 1 hora

Qué trabaja y aprende el niño:
A colaborar en la ejecución de una tarea compleja y a seguir instrucciones concretas, dos habilidades que le serán muy útiles en el colegio.

Explicación del juego:
Coge las cañas y córtalas en trozos de distintas medidas, a unos 10 cm del nudo. Enseña al niño a vaciarlas con una aguja de tejer o un destornillador. Con el taladro haz un agujerito formando un ángulo; hazlo en el nudo de la parte superior de cada caña. Enséñale a frotar las cañas con el papel de lija. Si quieren, pueden pintarlas con pinturas o con esmalte de uñas y luego aplicarles una capa de barniz de secado rápido, para protegerlas de las inclemencias del tiempo. Pide al niño que te ayude a ordenar las cañas por tamaños. Los agujeros deben quedar más o menos alineados. Corta la cuerda en seis trozos iguales. Ayúdale a insertar las cuerdas por los orificios de las cañas, una cuerda por cada caña; para que le resulte más fácil, puede hacerlo con la aguja de jareta. Luego coge el posavasos y realiza cuatro agujeros distribuidos por el perímetro y uno en el centro. Pasa los dos extremos de cada cuerda insertada en una de las cañas por uno de los agujeros del posavasos y luego átalos fuerte. Acto seguido ata el trozo de cuerda que te queda en la cuerda que sobresale por el centro del posavasos y átala formando un lazo que servi-

rá para colgar el móvil. Escoge con el niño el lugar donde vas a colgarlo. Debe ser un sitio donde corra el viento y donde el niño pueda golpearlo al pasar, con la mano o con un palo. Basta con darle un golpecito para que empiece a sonar.

Variantes

✔ Confecciona con el niño un móvil de cascabeles. Consigue varios cascabeles que puedan colgarse de un hilo. Si son de distintos tamaños, mejor que mejor. Corta una cuerda en tres o cuatro trozos iguales. Inserta varios cascabeles en cada trozo de cuerda, unos más arriba y otros más abajo, distribuyéndolos de forma irregular por las cuerdas. Además de los cascabeles, puedes insertar cuentas de colores, para que quede más bonito. Ata las cuerdas en un posavasos como en la manualidad anterior. Finalmente ata otra cuerda en la parte de arriba del posavasos. Ya puedes colgar tu móvil musical.

✔ Si el niño es más mayorcito, dale un cronómetro. Pídele que compruebe el tiempo que tarda en dejar de oírse el sonido cuando le da un golpecito, cuando le da un golpe suave y cuando le da otro más fuerte. Enséñale a confeccionar una tabla.

17
Perros y gatos

Qué necesitas: nada

Características básicas del juego:
- Es un juego de exterior
- Es un juego de habilidad
- No ensucia

Número de participantes: un mínimo de 6 niños, pero es más divertido con más.

Duración: 15 – 30 minutos

Qué trabaja y aprende el niño:
A observar y predecir lo que harán otros niños, y por tanto a anticiparse. Resulta muy adecuado para una fiesta infantil, ya que el niño aprende que lo importante no es ganar, si no participar y pasarlo bien con los amigos.

Explicación del juego:
Se forman dos equipos con el mismo número de niños: el equipo de los perros y el de los gatos. Si son impares, uno de los niños será el director de juego; de lo contrario, ese papel lo desempeñará un adulto. Cada equipo se coloca en un extremo del jardín o del terreno de juego, detrás de una línea que se dibuja previamente en el suelo. Cuando el director del juego grita «¡Adelante!», todos los niños empiezan a

andar, los unos hacia los otros. Entonces el director grita «¡Perros!» o «¡Gatos!». El equipo que ha nombrado deberá perseguir al otro, que escapa corriendo hacia su campo. Así pues, si grita «¡Perros!», los perros perseguirán a los gatos, que tratarán de escapar y de llegar sanos y salvos a su campo. Los jugadores atrapados se unen al equipo contrario, es decir, si un perro atrapa a un gato, éste último se convierte en perro y se pasa al campo contrario. El juego termina cuando en uno de los equipos no queda ningún jugador.

Variantes

✔ El zorro y las ovejas: uno de los jugadores es el pastor y otro el zorro. Si no hay muchos niños el papel de pastor puede desempeñarlo un adulto. El resto serán las ovejas.

El pastor lleva las ovejas a pastar y luego regresa a casa, por ejemplo a un árbol que esté a cierta distancia del lugar en el que ha dejado a las ovejas. El zorro se esconde entre el pastor y las ovejas mientras estas últimas están de espaldas a él. Entonces el pastor grita: «Ovejitas, ovejitas, venid a casita». Pero las ovejas responden: «No, que el señor zorro nos quiere comer». El pastor grita de nuevo: «El señor zorro se ha ido y ya no volverá. Ovejitas, ovejitas, volved a casita». En ese instante empieza la partida: las ovejas intentan llegar corriendo al árbol donde está el pastor y el zorro trata de atrapar a una de ellas. La oveja atrapada será el zorro en la siguiente partida. El juego puede continuar si se prefiere hasta que el zorro haya pillado a todas las ovejas, dependerá del número de niños y de su habilidad. En ese caso la primera oveja atrapada será el zorro en la partida siguiente.

18
Pío, pío, pío

Qué necesitas: un cartón de leche vacío, unas tijeras, cuerda, dos cuencos pequeños, alpiste o comida para pájaros, agua.

Características básicas del juego:
- Puede confeccionarse en el interior pero debe colocarse en el exterior
- Es una manualidad y un juego de observación
- Ensucia un poco

Número de participantes: entre 1 y 3

Duración: 10 – 20 minutos

Qué trabaja y aprende el niño:
Potencia el amor por la naturaleza en general y por los animales en particular. Enseña a prestar atención y a observar. A planear y a hacer las cosas en el orden correcto.

Explicación del juego:
Coge un cartón de leche vacío y lávalo bien. Pide al niño que te ayude a dibujar y recortar una ventana grande en uno de los lados; o una en cada lado de la caja. Encaja en la ventana un recipiente de los que se usan para poner los huevos cocidos, un platito o un cuenco pequeño; o uno en cada ventana. Luego hay que hacer dos agujeritos en la parte superior del cartón de leche, para poder pasar un trozo de cuerda. Pídele que ate la cuerda y que cuelgue el comedero en la rama de un árbol a la que llegue sin demasiados problemas. Ya solo queda lo más importante: rellenar un recipiente de agua y el otro con comida para pájaros: alpiste, semillas, frutos silvestres, migas de pan, frutos ecos, etc. Explica a los niños que para poder observar a los pájaros deben alejarse y observar el comedero sin moverse ni hacer ruido. Cada cierto tiempo deben renovar la comida y el agua.

Variantes

✔ Confecciona una tabla: pega en una columna una foto de los pájaros que suelen visitar vuestro jardín: gorrión, mirlo, urraca, etc. Y en la otra columna una foto de alpiste, otra de agua y una casilla con un no y un sí. Explícales que deben pegar una pegatina o dibujar un punto de color verde en el pájaro que aparezca, que coma y que beba, y uno rojo si no aparece, no come o no bebe. Deja que cada día sea uno el encargado de realizar la observación y la tabla. El fin de semana podéis dedicar unos minutos a analizar la tabla con ellos.

✔ Prepara pudín para pájaros: mete en un cuenco grande distintas semillas, algunas migas de pan, sebo troceado, frutos secos y trocitos diminutos de carne, por ejemplo de beicon. Deja que los niños lo echen y lo mezclen todo. Luego derrite un poco de manteca de cerdo, de modo que quede líquida pero no demasiado caliente, y viértela sobre la mezcla anterior. También puedes usar un poco de coco cremoso rallado o en trozos. Vierte la mezcla sin apretar en un vasito de yogur, de los de cristal. Mete un trozo de cuerda en el centro de la masa y presiónalo hacia abajo, para que quede sumergido; si fuera necesario, añade un poco más de mezcla, la que suele quedar al fondo del cuenco. Deja que la masa se endurezca. Luego da la vuelta al vasito y saca el pudín. Cuélgalo de la rama de un árbol por la cuerda y observa con los niños a los pájaros que acuden para comérselo.

19
Guirnaldas y cadenetas de colores

Qué necesitas: papel de diferentes tipos (de revistas, de periódicos, de charol, de seda, de pinocho, de embalar, crepé, etc); rotuladores o pinturas, una regla, tijeras, cinta adhesiva o grapas, un lápiz, plantillas.

Características básicas del juego:
- Es un juego de interior
- Es una manualidad
- Ensucia, pero poco

Número de participantes: entre 1 y 8 niños

Duración: 15 – 30 minutos

Qué trabaja y aprende el niño:
Desarrolla la destreza manual y la creatividad del niño, y trabaja la noción de simetría.

Explicación del juego:
Se cortan numerosas tiras de papel de distintos colores. Si el papel es de color blanco, se pintan las tiras con los rotuladores o las pinturas. Las tiras deben medir unos 4-5 cm de ancho y unos 20-25 de largo. Se coge la primera tira y se unen sus dos extremos con una grapa o un trozo de cinta adhesiva. Luego se pasa la tira siguiente por la primera, entrelazándola, y se unen sus extremos del mismo modo. Se

siguen insertando tiras, uniéndolas unas con otras y formando una cadeneta. Se sigue hasta juntar todas las tiras o hasta
obtener una guirnalda de la longitud que se desee. Luego se
cuelga del techo o de un extremo a otro de la pared, para
decorar la estancia.

Variantes

✔ Guirnaldas con figuras: lo primero que hay que hacer es
dibujar en un trozo de cartón duro la forma que queremos
que se repita en la guirnalda. Las figuras más utilizadas son
las de hombre o mujer que se unen por las manos, pero
también pueden usarse figuras de animales, por ejemplo
de elefantes que se unen por la trompa y la cola. Pide a los
niños que doblen el papel que vayan a utilizar en forma de

acordeón. Deben doblarlo tantas veces como figuras quieran que tenga la guirnalda. Cada uno de los pliegues debe medir unos 10-12 cm. Colocamos la plantilla encima del papel doblado y dibujamos el contorno. A continuación recortamos la forma teniendo mucho cuidado de no cortar los extremos laterales por los que deben quedar unidas las figuras (las manos en el caso de las figuras humanas; la trompa y la cola si hacemos elefantes). Una vez recortada la figura, se despliega el papel con cuidado. Y, ¡tachan! aparece la guirnalda.

20
A ver quién sopla más fuerte

Qué necesitas: una bandeja grande, 2 cajas de helados o de zapatos cortadas por la mitad, unas tijeras, goma adhesiva (tipo blue-tack), pelotas de ping pong, pajitas.

Características básicas del juego:
- Es un juego de interior
- Es una manualidad y un juego de habilidad
- No ensucia

Número de participantes: 2 o 4 niños

Duración: 10 – 20 minutos

Qué trabaja y aprende el niño:

Aprende a soplar y a controlar la respiración. Mejora asimismo su concepción del espacio.

Explicación del juego:

Primero deben confeccionar las porterías. Coge dos cajas de helados o de zapatos y enséñales a cortarlas por la mitad. Luego deben colocarlas en la bandeja con la parte cortada hacia abajo y fijarlas con un poco de goma adhesiva, cada una en un extremo de la bandeja. Da una pajita a cada contrincante y explícales que deben mover la pelota soplando a través de ellas. Tan solo pueden tocar la pelota con la mano para colocarla en el centro e iniciar el partido. El objetivo es meter la pelota en la portería contraria a base de soplidos, y evitar que el otro meta la pelota en nuestra portería.

Variantes

✔ Confecciona un circuito por el que los niños deberán hacer pasar la pelota de ping pong a base de soplidos. Puedes coger varias piezas de construcción y pegarlas en la bandeja con goma adhesiva. Con ellas puedes construir un pasillo recto, un puente, un pasadizo en zigzag o un laberinto. Por turnos, los niños deben hacer pasar la bola por el circuito mientras tú controlas el tiempo que tardan en hacerlo con un cronómetro. Gana el niño que logre terminarlo en menos tiempo.

✔ Organiza un partido de fútbol a soplidos dos contra dos.

21
Sol solito, caliéntame un poquito

Qué necesitas: papel grueso o cartulina; lápiz, tijeras, pincel, cola, un plato; rotuladores o pintura roja y amarilla; lentejas, lentejuelas, palillos chinos; colorante alimenticio rojo y amarillo; retales de telas o lana de color amarillo, rojo y naranja; papel de seda de color rojo, amarillo y naranja.

Características básicas del juego:
- Es un juego de interior
- Es una manualidad
- Ensucia

Número de participantes: entre 1 y 4 niños

Duración: 45 minutos – 2 horas

Qué trabaja y aprende el niño:
A expresarse artísticamente, a dibujar con una plantilla y a mejorar la coordinación manual y visual. Además, aprende a trabajar con un objetivo en mente y a sentirse orgulloso por haber llevado a cabo lo proyectado.

Explicación del juego:
Pídele que coloque el plato boca abajo sobre el papel y que lo rodee con el lápiz. Luego ofrécele un pincel y pídele que extienda una capa de cola por el interior del círculo. Enséñale a echar o colocar las lentejas por la zona encolada. Déja-

lo secar y luego pídele que sacuda la cartulina, para que caigan las que no se han pegado. Si quiere que su sol resplandezca, dile que añada unas cuantas lentejuelas mezcladas con las lentejas. Para confeccionar los rayos puede dibujar con los rotuladores o las pinturas líneas rectas u onduladas desde el borde del círculo. También puede coger unos cuantos palillos chinos, sumergirlos en una mezcla hecha con colorante alimenticio amarillo y rojo, dejarlos secar y luego pegarlos a modo de rayos. No olvides colgar su obra maestra en algún lugar bien visible, para que pueda sentirse orgulloso.

Variantes

✔ Si lo prefiere, puede rellenar el sol con trocitos de tela de color naranja, amarillo y rojo; y hacer los rayos con trozos de lana de esos mismos colores. Puede ponerle ojos, por ejemplo unos botones marrones bien grandes.

✔ También puede confeccionarlo con papel de seda de color rojo, amarillo y naranja. Primero debe hacer bolitas con trozos de papel de seda: unas cuantas rojas, unas cuantas amarillas y unas cuantas naranjas. Luego aplica la cola y pega las bolitas. Para los rayos dibuja unas líneas de color amarillo con pintura de dedos y luego las recubre con bolitas rojas y naranjas haciendo una serie: dos naranjas, una roja, dos naranjas, una roja, etc.

22
El cienpiés

Qué necesitas: nada

Características básicas del juego:
- Es un juego de interior y de exterior
- Es un juego de habilidad
- No ensucia

Número de participantes: un mínimo de 8 niños

Duración: 15 – 30 minutos

Qué trabaja y aprende el niño:

Esta actividad fomenta la comunicación no verbal y el trabajo en equipo. Además, enseña a confiar en los demás y a interpretar un código sencillo

Explicación del juego:

Se forman dos o más equipos de 4 o 5 miembros. Los niños de un mismo equipo se colocan en fila india y se cogen el uno al otro por los hombros. Todos cierran los ojos menos el último, que será el que transmita las órdenes con la mano. Antes de iniciar el juego, los niños o el adulto fijan un código, que será el mismo para todos los equipos. Por ejemplo, una palmada en el hombro significará seguir adelante; dos palmadas, girar a la derecha; una palmada en la espalda, ir más deprisa, etc. La comunicación entre los miembros del equipo se establecerá siempre a través de ese código, por lo que todos los jugadores deberán permanecer en silencio y atentos. A la señal de tres, el último de cada grupo le pasa la señal al tercero, que se la pasa al segundo, que se la pasa al primero. El objetivo es juntar todas las filas, que están dispersas por la zona de juegos, para formar un único cienpiés. Así pues, la primera persona de cada fila, siguiendo las indicaciones de sus compañeros, debe alcanzar a la última persona de otra de las filas. Cuando el último de una fila sea alcanzado, deberá cerrar los ojos, porque se convierte en un miembro intermedio de la nueva fila. El juego termina cuando se unen todas las filas formando un cienpiés enorme.

Variantes

✔ El código puede consistir en una serie de números: 1 significa adelante; 2, a la derecha; 3, a la izquierda; 4, más deprisa, etc

✔ Puede tratarse de un código secreto que pasa de oreja a oreja: el último susurra al oído del tercero algo corto y rápido, que se lo susurra del mismo modo al siguiente, y éste al siguiente. Los mensajes serán del tipo: «Da tres pasos hacia delante, da dos pasos hacia la derecha, da un paso hacia atrás».

✔ El código puede ser en inglés: *go ahead, turn left, turn right, quick now.*

23
¡Que me comen las pirañas!

Qué necesitas: papel de periódico, platos de papel, ladrillos, macetas de terracota, caminos hechos con cartulina

Características básicas del juego:
- Es un juego de interior y de exterior
- Es un juego de equilibrio
- No ensucia

Número de participantes: sin límite

Duración: 15 – 30 minutos

Qué trabaja y aprende el niño:
Resulta excelente para desarrollar el sentido del equilibrio y para relacionarse con otros niños.

Explicación del juego:
Antes de iniciar el juego debes preparar el lugar por donde deben pasar. Explícales que tienen que cruzar un río muy ancho que está plagado de pirañas. Que primero tienen que construir un puente. Los más pequeños construirán el puente con platos de papel o con hojas de papel de periódico dobladas. Deben colocarlos lo suficientemente cerca uno del otro como para poder pasar de un plato a otro sin muchos problemas pero esforzándose un poco. Ayúdales a colocarlos. Si los niños son un poco más mayorcitos, o ya han jugado varias veces a este juego, sustituye los platos por ladrillos o macetas puestas boca abajo. Una vez construido el puente, los niños deben cruzar el río pasando por éste. Si meten un pie en el agua, o sea, si pisan fuera de los platos o las macetas, las pirañas les morderán y ellos perderán una vida de un total de tres. Los niños van pasando en fila por el puente una vez y otra. Pierde el primero que se quede sin las tres vidas. Para que resulte más ameno, puedes poner música o animarles a cantar alguna canción, por ejemplo:

«Debajo un botón, ton, ton,
que encontró un Martín, tin, tin,
había un ratón, ton, ton
hay que chiquitín, tin, tin.
Hay que chiquitín, tin, tin,

que era el ratón, ton, ton,

que encontró un Martín, tin, tin,

debajo un botón, ton, ton».

Variantes

✔ Puedes hacer que el circuito sea cada vez un poco más difícil: primero separando los platos o las macetas un poquito más; luego haciendo que pasen por ellos de otras formas: saltando, corriendo, a la pata coja, etc; y finalmente introduciendo nuevos elementos, como subidas y bajadas, curvas, etc.

24
La petanca casera

Qué necesitas: una pelota de tenis para cada jugador, un rotulador negro, una pelota de plástico o cualquier objeto que pueda servir de objetivo

Características básicas del juego:
• Es un juego de exterior
• Es un juego tradicional
• No ensucia

Número de jugadores: entre 2 y 8 niños

Duración: 20 minutos – 1 hora

Qué trabaja y aprende el niño:

Aprende a dominar el plano espacial, a captar correctamente las distancias y a controlar la fuerza en relación con dichas distancias.

Explicación del juego:

Este juego sencillo es uno de los más practicados en todo el mundo. Actualmente se comercializan unos paquetes que incluyen 6 bolas de tres colores diferentes o 8 bolas de cuatro colores distintos, y una bolita más pequeña que sirve de objetivo. Pero para jugar a la petanca no hace falta ese equipamiento. Bastará con que cada niño tenga una pelota de tenis vieja en la que puedas anotar su nombre, para evitar posibles confusiones. Además necesitarás otro objeto, preferiblemente una pelota de plástico, que será el objetivo a alcanzar. Veamos en qué consiste el juego.

Se dibuja en la arena una línea horizontal. Los jugadores se colocan detrás de la línea formando una fila. Uno de ellos, o el adulto, lanza la pelota de plástico a una distancia de unos cinco o seis metros. Luego, todos los jugadores lanzarán por turnos su pelota de tenis intentando que caiga lo más cerca posible del objetivo. El ganador será el niño que al final de la partida se haya aproximado más a la pelota de plástico. Cuando les expliques las reglas, debes insistir en el hecho de que el ganador no se sabe hasta el final, ya que vale descolocar las pelotas de los adversarios al lanzar la propia. El ganador de cada partida suma un punto. El jugador que llegue primero a una cantidad de puntos establecida de antemano será el vencedor.

Variantes

✔ Se coloca un cubo semienterrado en la arena, para que no pueda volcarse, y luego se lanza la pelota de plástico, que debe quedar al otro lado del cubo. Por turnos, los niños lanzan la pelota de tenis intentando alcanzar la pelota de plástico y evitando que se caiga en el cubo.

✔ También pueden jugar a meterla dentro del cubo desde dos o tres metros de distancia. Gana el niño o los niños que logren encestarla. Si ninguno encesta, gana el que más pegado esté al cubo. Puedes aumentar o disminuir la dificultad del juego poniendo la línea de lanzamiento más o menos cerca del cubo. Cuando ya sean unos expertos cambia el tipo de lanzamiento: pueden lanzar por debajo de la pierna o de espaldas. Las carcajadas están aseguradas.

25
Un juego de cartas

Qué necesitas: dos barajas de cartas iguales, botones, macarrones, cuencos.

Características básicas del juego:

• Es un juego básicamente de interior, aunque también puede jugarse en el exterior

• Es un juego de observación

• No ensucia

Número de participantes: entre 1 y 6

Duración: 15 – 30 minutos

Qué trabaja y aprende el niño:
Muchas habilidades matemáticas: a contar, a emparejar, a clasificar, a reconocer, a memorizar, etc.

Explicación del juego:
Coloca una baraja en el centro de la mesa, boca abajo. Luego coge la otra baraja y reparte entre 4 y 9 cartas a cada jugador. La cantidad exacta de cartas dependerá del número de niños. Cada jugador coloca sus cartas delante de él, boca arriba. El jugador que inicia la partida coge una carta de la baraja que está en el centro. Si es la pareja de una de sus cartas, la coge y la coloca sobre la carta correspondiente, bocabajo. De lo contrario la deja en el centro, en otra pila y boca arriba. El siguiente puede escoger entre la carta que ha descartado el otro o una de la baraja que está bocabajo. El juego termina cuando uno de los jugadores ha cubierto todas sus cartas.

Variantes

✔ Reparte el 2, 4, 5 y 6 de oros. Da a los niños una bolsa llena de monedas de plástico o de botones grandes y pídeles que coloquen una moneda encima de cada oro. Luego pregúntales qué carta tiene más monedas.

✔ Coloca un cuenco pequeño al lado de cada carta. Dales un cuenco más grande lleno de macarrones. Pídeles que coloquen en el cuenco pequeño tantos macarrones como indique el número de la carta correspondiente.

✔ Ofrece al niño una baraja de cartas y pídele que las clasifique por palos: espadas, oros, bastos y copas. Luego pídele que las clasifique por números. Si notas que le cuesta, retira los números más altos.

26
El baúl de los disfraces

Qué necesitas: disfraces, ropa vieja, zapatos, guantes, sombreros, pelucas, gafas, alas, varitas mágicas, bolsos, joyas de bisutería, visillos, telas, fieltros, tijeras, velcro, aguja, plumas y boas, hilo, pinturas de maquillaje.

Características básicas del juego:
- Es un juego de interior y de exterior
- Es un juego simbólico
- No ensucia

Número de participantes: entre 1 y 6 niños

Duración: 30 minutos – 2 horas

Qué trabaja y aprende el niño:
A ponerse en la piel de otro y por tanto a darse cuenta de que los demás no sienten ni piensan igual que él. A reciclar cosas. A desarrollar la imaginación y la creatividad.

Explicación del juego:

Consigue un baúl grande, de mimbre, tela o madera. Mete en él los disfraces que tengas por casa de tus hijos y cualquier cosa que pueda serte útil: un sombrero viejo, un collar de cuando eras más joven que ya no usas, una espada, unas mallas viejas, un chaleco, un antifaz, una peluca, etc. Reúne a los niños, saca el baúl y explícales que pueden jugar a disfrazarse. Las primeras veces deberás guiarles y ayudarles un poco. Pero en cuanto hayan jugado unas cuantas veces, se las apañarán perfectamente ellos solos. Cuelga una sábana de la litera superior o úsala para cubrir una mesa hasta el suelo, para que les sea más fácil ponerse en situación.

Variantes

✔ Léeles un cuento de aventuras en el que salgan personajes que llamen su atención. Luego saca el baúl y explícales que ahora los protagonistas de la historia pueden ser ellos.

✔ Prepara alguna manualidad que luego puedan utilizar para disfrazarse: pueden confeccionar un antifaz con plumas y purpurina, o una careta con papel maché.

✔ Enséñales a pintarse unos bigotes de ratón, o una boca y unos ojos de payaso, con las pinturas de maquillaje.

27
Marionetas caseras

Qué necesitas: platos de papel, cartón rígido, calcetines viejos, trozos de lana, espumillón, algodón hidrófilo, fieltro de colores, gomas elásticas, tijeras, hilo, aguja, palitos de polo, rotuladores, pintura, cola.

Características básicas del juego:
- Es un juego de interior
- Es una manualidad
- Ensucia

Número de participantes: entre 1 y 6 niños

Duración: 30 minutos – 1 hora

Qué trabaja y aprende el niño:
A utilizar la imaginación, a jugar a partir de sus experiencias, a seguir instrucciones y a confeccionar cosas con las que puede jugar.

Explicación del juego:

Da un calcetín viejo a cada niño y pídeles que rellenen la punta con algodón. Para que el relleno no se salga tienen que colocar una goma elástica alrededor del calcetín, pero sin apretar demasiado ya que tienen que poder meter los dedos dentro. Luego pídeles que corten el calcetín un poco por debajo de la goma elástica. Ya tienen la cabeza de la marioneta. Diles que le pinten los ojos, la boca y la nariz, y que le peguen un poco de lana en la parte superior, para que haga de pelo. A continuación hay que confeccionar el cuerpo. Dale a cada uno un rectángulo de fieltro; deja que escojan el color. Diles que lo doblen por la mitad. Cose los lados dejando espacio cerca de la doblez superior para que puedan sacar por un lado el dedo corazón y por otro el pulgar; serán los brazos del muñeco. Si saben coser, deja que lo cosan ellos. Luego confecciona un agujerito en el doblez superior y pídeles que encajen en él la cabeza hecha con el calcetín. Cósela para que no se mueva. Para jugar con la marioneta, el niño debe meter el dedo índice en la cabeza y sacar el dedo corazón y el pulgar por los agujeros laterales del cuerpo de fieltro.

Variantes

✔ Da dos platos de papel a cada niño. Pídeles que los peguen de modo que las superficies que usamos para comer queden juntas. Deben dejar sin pegar un hueco lo suficientemente grande como para que quepa su mano. Sugiéreles que pinten una cara: puede estar alegre o enfadada, tener unos ojos muy exagerados o una narizota hecha con un tapón de corcho. Luego dales lana o espumillón, para que confeccionen el pelo de la marioneta. Si lo prefieren pueden confeccionar un sol con unos hermosos rayos hechos con palillos chinos pintados y pegados. Luego meten la mano por abajo y ya están listos para recrear una historia.

✔ Dale un palo de polo a cada niño, de los que son de madera. Diles que dibujen una cara en la parte superior y que peguen un poco de lana a modo de pelo. Ayúdales a confeccionar un gorrito y un vestido hechos con fieltro. Luego cogen el palito por la parte inferior y ya tienen una mini marioneta.

✔ Dale a cada niño un calcetín viejo. Enséñales a coser un par de botones a modo de ojos, uno a cada lado, y un poco de lana a modo de pelo. Pueden añadirle un lazo o un sombrerito. Luego se lo colocan en la mano y ya tienen la marioneta. Explícales que deben colocar el pulgar separado del resto de los dedos y en el lado opuesto; así conseguirán que la marioneta tenga boca y pueda «hablar».

✔ Dale a cada niño un trozo de cartón rígido con la forma de un animal, pero con solo dos patas. Confecciona dos agujeros en la parte inferior del cuerpo, allí donde irían las otras dos patas. Pídeles que le dibujen los ojos, la boca y el hocico, y que luego lo coloreen. Finalmente, enséñales cómo funciona: deben sacar dos dedos por los agujeros, a modo de patas (las dos que le faltan), y así de paso controlan la marioneta.

28

¡Me encantan mis maracas!

Qué necesitas: frascos, botellas de plástico, envases de plástico con tapa o vasitos de yogur; lentejas, arroz, garbanzos, judías o macarrones; embudos y cuencos; pegatinas, pinturas, cinta aislante, globos.

> **Características básicas del juego:**
> - Es un juego básicamente de interior, aunque también puede practicarse en el exterior
> - Es una manualidad
> - Ensucia un poco

Número de participantes: entre 1 y 5 niños

Duración: 10 – 20 minutos

Qué trabaja y aprende el niño:
A rellenar un envase sin derramar nada, a confeccionar su propio instrumento, a seguir el ritmo con un instrumento sencillo, a distinguir distintos sonidos.

Explicación del juego:
Deja que cada niño escoja el recipiente y el relleno que prefiera para confeccionar su maraca. Dale un cuenco con el relleno que haya elegido: lentejas, arroz, macarrones, etc. Enséñale a colocar y sujetar el embudo sobre el envase escogido, y a rellenarlo poco a poco e intentando no derramar

nada. Una vez lleno el envase diles que lo tapen ajustando bien el tapón o la tapa. Si les apetece, pueden decorar y personalizar su maraca con pintura, pegatinas, cinta aislante o cualquier otra cosa que se les ocurra.

Sienta a todos los niños en un corro y pídeles que hagan sonar su instrumento uno por uno. Haz que se fijen en el hecho de que cada maraca suena de un modo: unas son más metálicas, otras más suaves, otras más sonoras, etc. Luego pon algo de música y enséñales a seguir el ritmo con su nuevo instrumento.

Variantes

✔ También pueden confeccionar las maracas con una botella de yogur líquido o con un vasito de yogur tradicional. Pídeles que lo limpien bien, para eliminar cualquier resto de yogur. Deja que lo decoren y lo rellenen. Luego dales un globo, deja que corten un trozo del mismo y que lo coloquen bien tirante tapando el orificio. Enséñales a asegurarlo con una goma elástica o con un poco de cinta aislante. La maraca ya está lista.

✔ Confecciona una caja china: consigue una tabla de madera rectangular y 8-10 nueces. Parte las nueces por la mitad intentando que no se rompan. Vacíalas y pinta las cáscaras con pinturas o purpurina. Pega las cáscaras de nuez boca abajo en la madera. Colócalas distribuidas en dos filas. Puedes hacer un diseño elaborado que incluya la madera y las nueces; así por ejemplo, puedes pintar la madera de verde y las nueces como si fueran mariquitas; o distribuir las nueces como si fueran un racimo de uvas y pintarlas de color morado. Consigue unos palillos chinos y ya tienes tu caja china particular.

29
La pelota caliente

Qué necesitas: una pelota, un silbato, un pañuelo

Características básicas del juego:
- Es un juego de exterior
- Es un juego de pelota
- No ensucia

Número de participantes: sin límite

Duración: 15 – 45 minutos

Qué trabaja y aprende el niño:
El niño aprende a lanzar y a pasar la pelota. Además, mejora su coordinación manual y visual.

Explicación del juego:
Todos los jugadores se colocan formando un círculo excepto el director del juego, que se coloca en el centro del mismo con los ojos vendados. A la de tres, los jugadores, que están mirando hacia el centro, empiezan a pasarse la pelota hacia la derecha y lo más rápidamente posible. Cuando el director del juego hace sonar el silbato (o da una palmada fuerte o

dice «¡Alto!»), el juego se detiene y el niño que tiene el balón en ese momento pierde una vida. Cuando un niño pierde la tercera vida, queda eliminado. Si cuando suena el silbato la pelota está en el aire, el juego prosigue sin que nadie pierda una vida. Es aconsejable que un adulto haga de árbitro, para los casos dudosos. Gana el último niño en ser eliminado.

Variantes

✔ Los niños se colocan igualmente en círculo pero mirando la espalda del que tienen delante. El primer niño le pasa la pelota por arriba al que tiene detrás, ese por debajo de las piernas al que tiene detrás y así sucesivamente. De este modo el tiempo de posesión de la pelota será mayor.

✔ Colocados igual que en el anterior ejercicio, el primer niño le pasará el balón al que tiene detrás por la izquierda, este al que tiene detrás por la derecha y así sucesivamente. También aquí el tiempo de posesión de la pelota es mayor.

✔ Los niños se sientan en el suelo en círculo y se pasan la pelota rodando por el suelo. De esta manera el tiempo de posesión de la pelota será menor.

30
El regalo mágico

Qué necesitas: un regalo, papel de envolver de distintos colores, piruletas o caramelos, cinta adhesiva, tijeras, música.

Características básicas del juego:
- Es un juego de interior y de exterior
- Es un juego tradicional
- No ensucia

Número de participantes: entre 4 y 10 niños

Duración: 10 - 15 minutos para prepararlo; 10 – 15 minutos para abrirlo

Qué trabaja y aprende el niño:
A tener paciencia, a descubrir el elemento sorpresa, a realizar una actividad conjunta con otros niños.

Explicación del juego:
Primero debes preparar el regalo mágico. Escoge un regalo, como por ejemplo un cuento. Envuélvelo con un papel de regalo vistoso y pega encima una piruleta o un caramelo con un poco de cinta adhesiva. Luego envuélvelo todo con otro trozo de papel de regalo, a poder ser de otro color, y pega otro caramelo encima. Sigue envolviendo y pegando caramelos. Si sabes el número de niños que van a ser, pon una capa de papel de regalo por niño.

Pide a los niños que se sienten en el suelo formando un corro. Explícales que tienes un regalo mágico y que has pensado que ellos podrían ayudarte a abrirlo. Dale el paquete a uno de los niños y pon algo de música. Los niños empiezan a pasarse el regalo el uno al otro hacia la derecha. Cuando la música cesa, el niño que tiene el paquete en las manos quita el primer envoltorio con cuidado de no romper el resto. Se queda con el caramelo que encuentra pegado en la capa siguiente y se retira un poco del círculo. Como ya ha sido premiado con un regalo no participa en las rondas siguientes, pero puede seguir mirando. Ponemos otra vez la música y el regalo empieza a viajar de nuevo. El juego sigue del mismo modo hasta que todos han quitado una capa de papel y tienen su regalo. Cuando aparezca el cuento podemos pedirle al agraciado si nos lo deja y, aprovechando que están todos sentados en el suelo, se lo leemos. A los niños les encantan los cuentos.

Variantes

✔ En lugar de utilizar papel de envolver, podemos usar cajas de cartón, unas metidas dentro de las otras, como las muñecas rusas. Podemos usar cajas de botas, de zapatos, de sujetadores, de móviles, de cremas, de joyas, etc.

Susan Benjamin

JUEGOS PARA NIÑOS
DE 4 A 6 AÑOS

1
Una gincana campestre

Qué necesitas: papel, pinturas de distintos colores, bolsas de plástico, bolígrafo

Características básicas del juego:
- Es un juego de exterior
- Es un juego de observación
- No ensucia

Número de participantes: sin límite

Duración: entre 30 minutos y 1 hora

Qué trabaja y aprende el niño:
Potencia la competitividad sana y fomenta el conocimiento de la naturaleza. Enseña a seguir indicaciones y a cumplir las reglas.

Explicación del juego:
El director del juego prepara las pruebas y las esconde por la zona donde va a desarrollarse la gincana. También esconderá las pistas que llevan a descubrir las pruebas, pero éstas en lugares más visibles o sencillos, para que los niños las

246

encuentren sin demasiados problemas. Las pistas deben ir señaladas con pintura de algún color chillón y mediante un código secreto. Luego se hacen dos equipos (o más si hay muchos niños). Cada equipo irá con un adulto, que les guiará paso a paso y vigilará que nadie se extravíe. Para iniciar el juego se entrega a cada equipo una hoja con el código secreto. Este código puede ser como el que reproducimos a continuación:

Una flecha verde: dirección correcta

Una cruz roja: camino equivocado

Una cara sonriente: prueba en los alrededores

Un interrogante verde: prueba auténtica

Un interrogante rojo: prueba falsa

Todos los equipos parten del mismo punto, pero con una diferencia de cinco minutos. Para determinar cuál es el equipo ganador, el director del juego tendrá en cuenta varias cosas. Por un lado la puntuación obtenida con las distintas pruebas, que según el grado de dificultad valdrán uno, dos o tres puntos. Por otro el tiempo que hayan tardado en realizar todo el recorrido: los equipos que tarden menos del tiempo acordado conseguirán dos puntos más. Y finalmente las pruebas falsas: si un equipo resuelve una prueba falsa perderá un punto, por lo que conviene estar muy atento a los códigos.

Las pruebas deben estar relacionadas con la naturaleza ya que el fin último de la gincana es que se familiaricen con el entorno natural en el que se encuentran. A continuación enumeramos algunas propuestas:

- Tenéis que traer cinco hojas de diferentes formas y tamaños.
- Conseguid una amapola
- Recoged diez piñones
- Traed tres tréboles (si encontráis uno de cuatro hojas tendréis dos puntos adicionales)
- Conseguid cuatro piedras del mismo tamaño
- Traed cinco hormigas vivas
- Recoged un diente de león
- Buscad cuatro piñas
- Traed un bastón para andar

Variantes

✔ Si los niños son más grandes, o si hay niños grandes y pequeños mezclados, se les puede dejar que vayan solos. A ellos les encanta y la aventura resulta mucho más atractiva. Eso sí, aunque sea desde lejos, hay que estar muy pendientes de ellos.

✔ Tanto las pistas como las pruebas pueden irse complicando a medida que los niños crecen.

✔ También se pueden organizar gincanas sobre otros temas: los animales, los países del mundo, etc

2
Sonidos y más sonidos

Qué necesitas: tarjetas hechas con cartulina (deben medir unos 10 x 15 cm), sonidos grabados, fotos de revistas, tijeras, pegamento

Características básicas del juego:
- Es un juego de interior
- Es un juego de observación
- No ensucia

Número de participantes: entre 2 y 6 niños

Duración: 15 – 45 minutos

Qué trabaja y aprende el niño:
A escuchar con atención, a reconocer sonidos, a distinguir el tono, la melodía y las características rítmicas de los sonidos

Explicación del juego:
Antes de empezar el juego tienes que confeccionar unas tarjetas y grabar en una cinta los sonidos que hacen los distintos objetos o seres que aparecen en las tarjetas. Los niños pueden ayudarte a confeccionar las tarjetas. Primero hay que recortar las cartulinas par confeccionar tarjetas de unos 10 x 15 cm. Pídeles que busquen en las revistas y catálogos fotografías de cosas y seres que hagan ruido, tales como una vaca, un pájaro, un camión de bomberos, una guitarra, una aspira-

249

dora, etc. Las fotos no deben ser ni muy grandes, ni muy pequeñas. Recorta las fotografías y pégalas en las tarjetas, una fotografía en cada tarjeta. Luego graba los sonidos que emiten en una cinta Una vez confeccionadas las tarjetas y la grabación, puede empezar el juego.

Deja que escuchen una vez toda la grabación. Para que se familiaricen con las tarjetas, ves mostrándoles la tarjeta que se corresponde con cada sonido. Luego dale a cada niño entre 4 y 6 tarjetas. Empieza por un punto cualquiera de la cinta. Cuando uno de los niños reconozca uno de los objetos o seres que aparecen en alguna de sus tarjetas, la coge y la levanta en alto. A continuación dice de qué se trata: «¡Es la vaca!». El juego sigue hasta que hayan aparecido todos los sonidos. Luego mezcla las tarjetas y vuelve a repartirlas.

Variantes

✔ Puedes confeccionar tarjetas temáticas, para trabajar un tema determinado. Por ejemplo, los instrumentos musicales o los animales.

✔ Puede jugar un niño solo: dale 8 tarjetas y deja que se encargue de controlar la grabación con los sonidos él mismo. Puede anotar en una tabla cuántos ha adivinado o cuántos no ha sido capaz de identificar.

3
El juego de las sillas

Qué necesitas: sillas para todos los concursantes menos uno, música

Características básicas del juego:
- Es un juego de interior y de exterior
- Es un juego tradicional
- No ensucia

Número de participantes: sin límite

Duración: 15 minutos – 1 hora

Qué trabaja y aprende el niño:
Esta actividad desarrolla la motricidad y los reflejos del niño, y le enseña a moverse al compás de la música

Explicación del juego:
Se colocan las sillas formando un círculo, de manera que los respaldos queden en la parte de dentro. Debe haber una silla menos que el número de niños, es decir, si hay diez niños pondremos nueve sillas. Los jugadores se colocan de pie formando un círculo alrededor de las sillas. Cuando la música empieza a sonar, los niños avanzan bailando rítmicamente alrededor de las sillas. Cuando la música cesa, los niños se sientan en la silla que tengan más mano. El que no consigue sentarse queda eliminado. Entonces retiramos una silla, rehacemos el círculo

e iniciamos una nueva ronda. El juego sigue hasta que solo queda un niño, que será proclamado vencedor.

Variantes

✔ En lugar de distribuir las sillas formando un círculo, colócalas en fila, una mirando hacia un lado y la otra mirando hacia el lado contrario.

✔ Pídeles que giren alrededor de las sillas a la pata coja, o saltando con los pies juntos, o andando en cuclillas.

4
Con las manos en la masa

Qué necesitas: 3 huevos, azúcar, leche, aceite, harina, limón, levadura, mantequilla rallador, batidora eléctrica, tenedor de madera, molde, horno, un yogur de cristal vacío, un cuenco mediano, un cuenco grande.

Características básicas del juego:
- Es un juego de interior
- Es un juego de cocina
- Ensucia, y mucho

Número de participantes: entre 1 y 3 niños

Duración: 20 minutos para preparar la masa del bizcocho; 1 hora para cocerlo

Qué trabaja y aprende el niño:

A medir, a mezclar, a untar, a contar y a batir. A realizar una actividad de forma metódica y siguiendo las indicaciones del adulto. A ver sus progresos y por tanto a confiar en sí mismo.

A colaborar en las tareas domésticas, a cocinar y a obtener un producto final de aspecto semi profesional.

Explicación del juego:

Se trata de confeccionar un bizcocho entre todos. Primero diles que te ayuden a preparar los ingredientes. Enuméralos y deja que sean ellos los que los saquen de los armarios y estanterías y los dejen sobre la mesa de trabajo. Mientras tanto tú precalienta el horno a 170°C, para que esté listo cuando llegue el momento. Coge un cuenco grande, preferiblemente de cristal para que puedan ver bien lo que ocurre en su interior, y explícales que vais a utilizar el vasito de yogur como unidad de medida. Si son varios niños deberás repartir las tareas, de modo que cada uno se encargue de un par o tres de pasos; si sólo es uno, deja que haga la mayor parte de las cosas. Diles que casquen tres huevos en el cuenco y que los batan con el tenedor de madera. Luego pídeles que añadan al cuenco un vasito y medio de azúcar. Deja que rellenen el vasito de cristal con la ayuda de una cucharilla, poco a poco y sin prisas. Recuerda que no se trata solo de cocinar, si no de realizar una actividad con ellos. Cuando hayan añadido el azúcar, coge la batidora eléctrica, enchúfala y enséñales a batir. Guía su mano para que vayan aprendiendo. A continuación diles que rallen la piel de ½ limón y luego añade las ralladuras al cuenco. Bate de nuevo. Deja que añadan un vasito de leche y vuelvan a batir. Luego un vasito de aceite y lo mismo. Finalmente toca añadir dos vasitos de harina. Pídeles que primero pongan los dos vasitos de harina en un cuenco mediano. Diles que hagan un agujero en el

centro con un dedo y que viertan en él un sobre de levadura en polvo. Deja que lo mezclen con una cuchara y que
luego vayan añadiéndolo a cucharadas en el cuenco grande,
con el resto de la masa. Deben ir añadiendo harina y batien-
do, hasta obtener una masa uniforme y bastante espesa. Es
importante que no se formen grumos. Ya solo queda untar
con un poco de mantequilla toda la superficie del molde,
tanto el fondo como las paredes: dales un poco de mantequilla a temperatura ambiente y diles que la froten por todas
partes con los dedos. Luego vierte la masa por encima y
mete el molde en el horno, en la bandeja central. Debes
dejarlo dentro del horno un mínimo de 45 – 50 minutos. No
abras la puerta del horno hasta que hayan transcurrido
como mínimo 40 minutos, ya que de lo contrario la masa se
bajará. Si se dora demasiado por encima pero está crudo por
dentro, tápalo con un poco de papel de aluminio y déjalo
otros 5 – 10 minutos en el horno. Para saber si está listo,
clava un palillo por el centro del bizcocho: si sale húmedo,
déjalo otros cinco minutos; si sale seco, está listo. Déjalo
reposar cinco minutos fuera del horno, sobre la rejilla. Te
garantizo que es día van a disfrutar mucho merendando.

Variantes

✔ Una vez confeccionado el bizcocho, deja que se enfríe un
poco y decóralo. Prepara un poco de chocolate fundido y
diles que lo extiendan por encima del bizcocho. Luego pueden adornarlo con unos cuantos lacasitos o con unos fideos
de colores, de los de repostería. Si vais a celebrar algún cumpleaños, deja que pongan las velitas correspondientes.

5
Así cosía, así, así

Qué necesitas: cartulina, un punzón, lana, agujas de jareta, malla para coser, un rotulador, fieltro, agujas de zurcir, hilo.

Características básicas del juego:
- Es un juego básicamente de interior
- Es una manualidad
- No ensucia

Número de participantes: entre 1 y 6 niños

Duración: 15 – 45 minutos

Qué trabaja y aprende el niño:
El niño aprende a coser, mejora la habilidad de sus dedos y su coordinación manual y visual. Es una actividad que obliga a planear primero y a realizar lo planeado después.

Explicación del juego:
Coge varios trozos de cartulina y dibuja en ellos formas sencillas y grandes, como por ejemplo una estrella o una casa. Con la ayuda de un punzón, realiza varios agujeros sobre el contorno del dibujo. Los agujeros no deben estar demasiado alejados el uno del otro. Da a cada niño una cartulina con un dibujo y una aguja de jareta. Coloca un trozo de lana doble en la aguja y haz un nudo, para que no se les escape de la aguja. Intenta que la lana sea de algún color vivo que contras-

te con el de la cartulina. Enséñales a coser yendo de un agujero al siguiente. Puedes usar las mismas plantillas varias veces.

Variantes

✔ Da a cada niño un trozo de fieltro, dibuja algo encima con un rotulador y haz que cosan por encima. O coloca dos trozos de fieltro uno encima del otro y enséñales a coserlos. Coge una aguja de zurcir corta e hilvana un trozo de hilo no demasiado largo. Ponlo doble y haz un nudo. Da la primera puntada y luego pásaselo al niño. Explícale que debe tirar del hilo hasta que quede tirante antes de dar la siguiente puntada.

✔ En las tiendas de manualidades venden una tela de malla blanca especial para costura. Marca los agujeros que debe coser con un rotulador y enséñale a realizar puntos sencillos.

6
En busca del tesoro

Qué necesitas: papel, rotuladores, una pala para cavar, el tesoro.

Características básicas del juego:
- Es un juego de exterior
- Es un juego de observación
- No ensucia

Número de participantes: sin límite

Duración: 30 minutos – 1 hora

Qué trabaja y aprende el niño:

El niño aprende a deducir datos a partir de la información recibida y a conseguir un objetivo siguiendo unas pistas concretas. Además mejora su sentido de la orientación espacial.

Explicación del juego:

Antes de empezar la búsqueda del tesoro, el director del juego debe enterrar un objeto sin que los niños le vean. Para ello podemos pedirles que se tapen los ojos o distraerles con cualquier excusa. También debe confeccionar el mapa que usarán los niños para intentar localizar el tesoro. Es aconsejable esconder algún objeto de poco valor y guardarlo dentro de una caja o de una bolsa, para que no se estropee y para que sea más fácil de localizar. Para dibujar el mapa hay que tomar algún punto de referencia muy concreto de la playa o del lugar donde nos encontramos, como el chiringuito, la palmera más alta, una roca determinada o un arbusto llamativo. A partir de ese punto hay que idear un recorrido: dar seis pasos hacia la derecha, dos saltos hacia delante, dos zancadas hacia la izquierda, etc. El lugar donde se encuentra enterrado el tesoro debe aparecer señalado con una gran aspa roja en el mapa. Si hace buen tiempo y estamos en la playa, el recorrido puede obligar a los niños a meterse en el agua hasta la cintura. El objetivo del juego, claro está, es encontrar el tesoro.

Variantes

✔ Si hay muchos niños, puedes organizar una búsqueda del

tesoro por equipos. Debes confeccionar un mapa para cada equipo. Los mapas deben partir de puntos distintos y llegar al mismo punto de llegada: el lugar donde está enterrado el tesoro. El equipo que encuentre el tesoro será el ganador y se quedará con el botín. Éste puede consistir en un montón de caramelos o en unos parches de ojo, para que puedan convertirse en auténticos piratas buscadores de tesoros.

7
Mi planta favorita

Qué necesitas: semillas de flores y plantas (escoge variedades que no tarden mucho en aflorar), macetas, tierra para plantas, fertilizante orgánico, una paleta, un plantador de bulbos, una regadera, agua.

Características básicas del juego:
- Es un juego de exterior
- Es un experimento relacionado con el mundo de la naturaleza
- Ensucia

Número de participantes: entre 1 y 6 niños

Duración: 20 – 40 minutos para plantarlas; 5 minutos al día para regarlas y observarlas

Qué trabaja y aprende el niño:
A sembrar semillas, a observar cómo crecen y se transfor-
man las plantas; a tener paciencia y a cuidar de las plantas una
vez que brotan.

Explicación del juego:

Dale a cada niño un tiesto y unas cuantas semillas. Pídeles que llenen la maceta hasta la mitad con tierra para plantas y el resto con fertilizante orgánico. Diles que confeccionen un agujerito en el centro, con la mano o con las herramientas. Pídeles que echen las semillas en el agujerito y que luego las cubran con un poco más de fertilizante. Diles que las rieguen. Explícales que cada uno debe ocuparse de su planta. Debes recordarles la frecuencia con la que deben regarla y el lugar en el que deben colocarla, con más o menos sol según la variedad de que se trate. También debes explicarles cómo se arrancan las malas hierbas. Dedica cinco minutos al día a observarlas y a cuidarlas. Si no dispones de mucho tiempo, dedícate a ellas los fines de semana y los días de fiesta.

Variantes

✔ Atrévete con alguna hortaliza o fruta: puedes cultivar unas cuantas patatas en una maceta grande, o plantar unas cuantas fresas en un tiesto. Los niños se sentirán muy orgullosos cuando recojan su primera «cosecha».

✔ Si los niños son muy pequeños, en vez de plantar semillas puedes transplantar un esqueje o una planta pequeñita. Así no tendrán que esperar a que empiece a brotar y te será más fácil mantener despierto su interés.

✔ Si el niño es más mayorcito puedes enseñarle a confeccionar una tabla en la que queden registrados los datos más significativos: el día que empieza a brotar, el día que echa la primera hoja, los centímetros que crece cada mes, etc

8
El abecedario

Qué necesitas: una bolsa grande de tela o una caja de cartón, tarjetas hechas con cartulina, juguetes.

Características básicas del juego:
- Es un juego de interior
- Es un juego de observación
- No ensucia

Número de participantes: sin límite

Duración: 15 – 30 minutos

Qué trabaja y aprende el niño:
A reconocer las letras, a descubrir la relación que existe entre una grafía y un sonido, a fijarse en el sonido por el que empieza una palabra.

Explicación del juego:
Primero confecciona las tarjetas. Divide la cartulina en varios cuadrados y recórtalos. Anota en cada tarjeta una letra distinta. Las letras deben ser grandes y claras. Luego dales una bolsa o una caja de cartón. Debe ser grande, como para que quepan dentro varios juguetes. Cuelga de una de las asas, o pega en la tapa, una tarjeta con una de las letras. Pide a los niños que encuentren cinco cosas que empiecen con dicha letra y que las metan en la bolsa. Cuando terminen, comprue-

ba que no hayan cometido ningún error y cambia la tarjeta por la de otra letra. Elógiales cuando lo hagan bien y réstale importancia cuando se equivoquen. Empieza por las letras más fáciles, como las vocales; luego sigue con las que solo tienen un sonido, como la «b» o la «d»; deja para el final las más difíciles y las que pueden tener dos sonidos, como por ejemplo la «c». Mientras juegan puedes poner de fondo canciones que hablen sobre el abecedario, tales como *La canción del abecedario* o *Veo, veo.*

Variantes

✔ Coge dos bolsas y haz dos equipos. Organiza una competición entre ellos siguiendo las reglas anteriores. Gana el equipo que localice antes los cinco objetos.

✔ Dale una libreta a cada niño. Primero tienen que recortar las letras de algún abecedario y luego pegar por orden una letra en cada página, es decir, en la primera hoja la A, en la segunda la B, etc. Luego deben recortar de revistas y catálogos varios objetos o cosas y pegarlas bajo la letra correspondiente. Así por ejemplo bajo la B puede pegar un balón, un burro, una bufanda, etc. Anota la palabra debajo del dibujo correspondiente o pídeles que la copien ellos.

9
Papiroflexia para principiantes

Qué necesitas: papel de periódico, hojas de papel, cinta adhesiva, lápiz, tijeras, pintura en polvo o rotuladores.

Características básicas del juego:
- Es un juego de interior
- Es una manualidad
- No ensucia, salvo que se usen pinturas para decorarlos

Número de participantes: entre 1 y 10 niños

Duración: 15 – 30 minutos

Qué trabaja y aprende el niño:
A realizar movimientos precisos con las manos, a seguir instrucciones al pie de la letra y a descubrir que es capaz de construir cosas a partir de algo tan sencillo como una hoja de papel.

Explicación del juego:
La papiroflexia es el arte de construir cosas con hojas de papel. Para que el producto final quede bien, debemos doblar la hoja con cuidado y luego repasar bien el doblez con la yema del dedo, para que quede bien marcado. A continuación encontrarás las instrucciones para confeccionar un gorro de papel.

Da una hoja de papel de periódico a cada niño. Diles que la doblen por la mitad a lo ancho y que marquen bien el doblez. Diles que vuelvan a doblarla por la mitad y que luego desdoblen el último doblez y lo alisen. Luego deben doblar las esquinas superiores hasta el doblez central. Pídeles que doblen la solapa inferior hacia arriba, que giren el papel y que hagan lo mismo con la otra solapa inferior. A continuación deben separar con cuidado los extremos inferiores. El gorro ya está listo. Diles que lo decoren a su gusto, con la ayuda de las pinturas o de los rotuladores. Pueden añadirle una pluma o cualquier otro detalle.

Variantes

✔ Un avión de papel: dobla una hoja de papel blanco por la mitad, longitudinalmente. Desdóblala y déjala abierta y plana., con el doblez hacia abajo. Dobla las esquinas superiores hasta el doblez central. A continuación dóblalas otra vez hasta el doblez central. Hay que repetir esta operación hasta que no se pueda seguir doblando. Repite la operación por el otro lado. Luego dobla el avión por la mitad siguiendo el primer doblez. Extiende las alas y pon un trocito de cinta adhesiva de proa a popa, para mantener unido el fuselaje. Anota en el ala el nombre de la compañía o el destino del avión. Organiza una competición: cada niño lanza su avión desde una línea dibujada en el suelo para ver quien llega más lejos.

✔ Un barco de papel: dobla una hoja de papel por la mitad. Vuelve a doblarla por la mitad y luego desdóblala. Dobla las esquinas superiores hacia abajo, hasta la línea central, y luego haz girar el papel 180°. Dobla la esquina inferior hacia arriba. Luego dobla la solapa superior hacia abajo, gíralo y repítelo. Decora el barco y pruébalo en un estanque o riachuelo, o en la bañera de casa.

10
El juego de las parejas

Qué necesitas: tarjetas, cinta adhesiva o pasta adhesiva (tipo blue tack), papel, rotulador.

Características básicas del juego:
- Es un juego de interior
- Es un juego de observación
- No ensucia

Número de participantes: Entre 1 y 6 niños

Duración: 10 – 20 minutos para confeccionarlas y colgarlas; 5 minutos al día para echarles un vistazo

Qué trabaja y aprende el niño:
Empieza a familiarizarse con la estructura de las palabras escritas y a leer palabras sencillas en su contexto. Desarrolla sus dotes de observación.

Explicación del juego:
Confecciona varias tarjetas con el nombre de distintos obje-

tos domésticos. Utiliza letra ligada, es decir, minúsculas unidas. Luego pídele al niño que te ayude a pegar cada tarjeta sobre el objeto correspondiente. Deben quedar bien visibles. Pega cuatro tarjetas y déjalas puestas durante una semana. Debes empezar por cosas sencillas y que le sean muy familiares, como «puerta», «ventana», «cama» y «armario». Mientras pegáis las tarjetas a los objetos, lee la palabra y pide al niño que la repita. Haz que se fije en ella. Repásala con su dedito índice. Transcurrida la semana, retira esas tarjetas y sustitúyelas por otras cuatro. Poco a poco puedes introducir palabras más difíciles y desconocidas.

Variantes

✔ Anota las palabras en una hoja de papel grande, recoge todas las tarjetas y comprueba si los niños son capaces de emparejar las tarjetas con las palabras anotadas en la lista. Si se equivocan, no le des demasiada importancia; si aciertan, felicítales. Poco a poco empezarán a reconocer las palabras.

✔ Cuando ya reconozca las palabras escritas con letra ligada, escríbelas de nuevo pero utilizando mayúsculas. Luego pide al niño que empareje la tarjeta escrita en minúsculas con la tarjeta escrita en mayúsculas.

11
Las botellas musicales

Qué necesitas: 8 botellas o recipientes de cristal, agua, un embudo, colorantes alimenticios, una cuchara de madera o unos palillos chinos.

Características básicas del juego:
* Es un juego de interior
* Es un experimento relacionado con la música
* No ensucia, salvo que se vuelque una botella

Número de participantes: entre 1 y 4 niños

Duración: 30 minutos – 1 hora

Qué trabaja y aprende el niño:

A experimentar con distintos sonidos y a ordenarlos en una secuencia lógica, de más grave a más agudo o viceversa. A comprender lo que es una escala musical.

Explicación del juego:

Coge ocho botellas o tarros de cristal y pide al niño que te ayude a llenarlos. Explícale que debe llenar cada botella hasta un nivel distinto. Dale un palillo chino, o una cuchara de madera, y dile que las golpee, una a una, y que escuche bien el sonido que emiten. Explícale que debe ordenarlas, de la más agudo a la más grave. Ponle algún ejemplo golpeando tú la que te parezca más grave y luego la que te parezca más aguda. Deja

que haga tantas pruebas como necesite. Si lo considera necesario, puede añadir o quitar un poco de agua de la botella que
«desafine». Luego haz que las golpee de forma ordenada, para
ver si suena realmente como una escala musical. Para facilitarle la tarea puedes colorear el agua de cada botella con un
poco de colorante alimenticio de un color determinado. Así
le será más fácil distinguir una botella de otra y hacer combinaciones. Y el juego le parecerá más atractivo.

Variantes

✔ Anímale a componer una melodía con su nuevo instrumento, o a tocar alguna canción que conozca.

✔ Coge una copa de cristal e intenta que suene. Pasa el dedo
índice por el borde de la copa, describiendo círculos,
hasta que ésta emita un sonido cristalino. Te aconsejo que
practiques a solas antes de hacer la demostración. Luego
ofrécele una copa al niño y hacer un dueto.

12
Don Melitón

Qué necesitas: nada

Características básicas del juego:
- Es un juego de interior y exterior
- Es un juego tradicional
- No ensucia

Número de participantes: 1 niño por adulto para empezar; luego parejas de niños

Duración: 10 – 20 minutos

Qué trabaja y aprende el niño:
Esta sencilla actividad mejora la coordinación, la destreza manual y el sentido del ritmo.

Explicación del juego:
Se trata del típico juego de palmas. Los niños se colocan por parejas, uno delante del otro. Existen infinidad de canciones con sus acciones y gestos correspondientes. A continuación tienes la de Don Melitón:

La canción:
«Don Melitón tenía tres gatos
Y los hacía bailar en un plato
Y por la noche les daba turrón

Que viva los gatos de don Melitón
Chin pom».

La acciones

• Dar una palmada.
• Golpear la mano derecha de uno contra la mano derecha del otro.
• Dar una palmada.
• Golpear la mano izquierda de uno contra la mano izquierda del otro.
• Dar una palmada.
• Golpear con ambas manos las dos manos del otro.

Variantes

La canción:
«En la ca-lle-lle
veinticua-tro-tro
ha habi-do-do
un asesina-to-to
una vie-ja-ja
mató un ga-to-to
con la pun-ta-ta
del zapa-to-to
pobre vie-ja-ja
pobre ga-to-to
pobre pun-ta-ta
del zapa-to-to».

La acciones

• Ambos colocan la mano derecha arriba y mirando hacia abajo y la mano izquierda abajo y mirando hacia arriba; la derecha de uno golpea la izquierda del otro y viceversa.

• Juntan las palmas.

• Los dos dan dos palmadas, uno de pie y el otro agachado.

• Repiten el primer movimiento.

• Juntan de nuevo las palmas.

• Dan dos palmadas, el que no se había agachado se agacha y el otro se queda de pie.

• Repiten el primer movimiento.

• Juntan las palmas.

• Se agachan los dos mientras dan dos palmadas.

• Mientras dicen las últimas dos líneas giran sobre sí mismos.

• Repiten la canción en la posición que se hayan quedado.

13
Arte alternativo

Qué necesitas: cartulinas pequeñas, cola para madera, lápices, tazas o platitos para usar de plantilla, arroz, lentejas o lentejuelas, pinceles.

Características básicas del juego:
- Es un juego de interior
- Es una manualidad
- Ensucia

Número de participantes: entre 1 y 6 niños

Duración: 20 minutos – 1 hora

Qué trabaja y aprende el niño:

A encolar y pegar, una actividad que debe aprender poco a poco, y a rellenar correctamente una forma. La actividad desarrolla además su vena artística y su control manual.

Explicación del juego:

Reparte una cartulina pequeña a cada niño. Ayúdales a dibujar una margarita. Primero deben colocar la taza o platito en el centro de la cartulina y rodearla con un lápiz. Luego deben dibujar los pétalos de la flor. Puedes confeccionar varias plantillas en forma de pétalo y repartirlas entre los niños. Estos deberán colocarlas en el lugar correspondiente y rodearlas con el lápiz. Cuando la flor esté terminada, enséñales a exten-

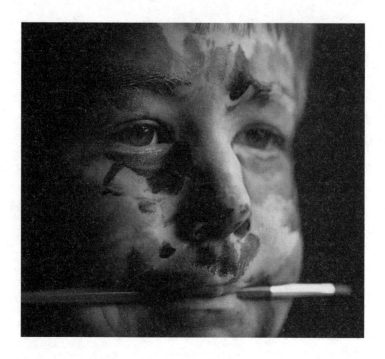

der la cola con cuidado por los pétalos. Pueden utilizar un pincel. Deben vigilar que no caiga cola en el círculo central. Luego diles que echen por encima el arroz. Cuando terminen deberán esperar unos minutos, para que se seque un poco. Pídeles que sacudan ligeramente la cartulina, para que caigan los granos que no se han pegado. A continuación deben encolar el círculo central y echar por encima lentejas o lentejuelas. Cuando se sequen, vuelven a sacudir el dibujo. La margarita ya está lista.

Variantes

✔ Anota en una cartulina, con letras bien grandes, el nombre del niño. Las letras deben tener los bordes bien gordos y de algún color bien llamativo que contraste con el de la cartulina. Pídele que extienda la cola por las letras, con cuidado de no salirse. Luego dile que eche por encima el material elegido: lentejas, arroz, lentejuelas, cacao en polvo, granos de café, fideos. Tendrán un original cartel con su nombre. Puede colgarlo en la puerta de su dormitorio.

✔ Pueden hacer un collage con muchos materiales distintos: dividen la hoja en varias formas abstractas, pegadas unas a otras, y las recubren de cola. Luego pegan en cada trozo un material distinto: lentejas, fideos, cacao en polvo, granos de café, palillos, botones, etc.

14
¡Bingo!

Qué necesitas: cartones con 8 o 10 dibujos, tarjetas con esos mismos dibujos, una bolsa, fichas de colores o granos de café.

> **Características básicas del juego:**
> - Es un juego de interior
> - Es un juego tradicional de observación
> - No ensucia

Número de participantes: sin límite

Duración: 15 – 30 minutos

Qué trabaja y aprende el niño:

A prestar atención, a relacionar y a emparejas imágenes.

Explicación del juego:

Se juega igual que al bingo tradicional, pero se trata de una versión con imágenes pensada para niños que todavía no reconocen los números. Primero debes confeccionar los cartones y las tarjetas. En cada cartón pegarás entre 8 y 10 imágenes distintas. Una misma imagen puede aparecer en varios cartones. Luego debes confeccionar las tarjetas; cada imagen que aparezca en los cartones debe tener su tarjeta correspondiente con la misma imagen.

Reparte a cada niño un cartón y mete todas las tarjetas en la bolsa. Explícales que vas a sacar una tarjeta de la bolsa y que si la imagen que aparece en ésta también está en su cartón, deben marcarla con un grano de café o una ficha. Así, si sacas la tarjeta en la que aparece un perro, los niños que tengan al perro en su cartón deberán señalarlo con una ficha. Cuando un niño complete una tira horizontal deberá gritar «¡Línea!». El adulto comprobará que no se haya equivocado. El juego sigue hasta que uno de los niños canta «¡Bingo!», algo que debe hacer cuando tenga todos los dibujos de su cartón cubiertos con una ficha.

Variantes

✔ Cuando los niños aprendan a contar puedes confeccionar un bingo sencillo, con los números del 1 al 10. Luego, poco a poco, podrás ir incorporando más números, por ejemplo cinco números nuevos cada vez.

✔ Puedes hacer un bingo de letras. Distribuye las 28 letras del abecedario por los cartones. Puedes repetir la misma letra en más de un cartón. Luego mete en la bolsa las tarjetas con las letras del abecedario y empieza la partida.

15
El dibujo mágico

Qué necesitas: una cartulina, papel carbón o calco, papel encerado, celofán o plástico transparente, cinta adhesiva, grapas.

Características básicas del juego:
- Es un juego de interior
- Es un experimento
- No ensucia

Número de participantes: entre 1 y 6 niños

Duración: 15 – 30 minutos

Qué trabaja y aprende el niño:
A planear y a llevar a cabo un experimento de forma metódica. A confeccionar algo con lo que luego se divierte jugando y por tanto a sentirse orgulloso y seguro de sí mismo.

Explicación del juego:
Da a cada niño una cartulina y una hoja de papel carbón. Diles que coloquen la hoja sobre la cartulina, con la parte del

carbón mirando hacia arriba, y ayúdale a fijarla con un poco de cinta adhesiva. Debe quedar bien sujeta. Luego diles que coloquen sobre el papel carbón una hoja de papel encerado y sobre éste una hoja de celofán o una hoja muy fina de plástico transparente. Estas dos últimas capas deben fijarse únicamente por la parte superior; diles que las fijen con cinta adhesiva y grapas. Luego pide a los niños que dibujen algo en el cuaderno, es decir, sobre la capa superior de la estructura que acaban de montar. Para borrarlo bastará con que levanten las dos capas superiores.

Variantes

✔ Pide a los niños que recubran una hoja de papel con varios garabatos realizados con cera de vela. Luego deben colocar la hoja boca abajo sobre otra hoja de papel y anotar un mensaje secreto en la hoja de arriba. Pide a los niños que pinten sobre la cara superior de la hoja que está debajo. El mensaje aparecerá como por arte de magia.

16
Los meterólogos

Qué necesitas: cartulina, regla, rotuladores, termómetro exterior fácil de leer, adhesivos.

> **Características básicas del juego:**
> • Es un juego de interior y exterior
> • Es un juego de observación
> • No ensucia

Número de participantes: entre 1 y 4 niños

Duración: 20 – 40 minutos para confeccionar la tabla; 10 minutos al día para anotar los datos.

Qué trabaja y aprende el niño:
A observar el día que hace, a entender cómo funciona y cómo se lee un termómetro y a distinguir entre distintos fenómenos atmosféricos. A recopilar datos y a anotarlos en una gráfica. Además, aprende los días de la semana y los meses del año.

Explicación del juego:
Primero hay que confeccionar la tabla del tiempo. Coge una cartulina y enseña al niño a dividirla en recuadros con la ayuda de una regla y un rotulador. Los recuadros deben ser lo suficientemente grandes como para anotar todos los datos. En los recuadros de la izquierda de la tabla debes ano-

tar los días de la semana: lunes, martes, miércoles, jueves, viernes, sábado y domingo. Los cinco primeros puedes anotarlos con un rotulador negro, para señalar que son los días que van al colegio o que papá y mamá trabajan. El sábado y el domingo pueden ser rojos, para señalar que son festivos. Luego hay que confeccionar las tarjetas: un sol para los días soleados, una nube con un sol que se asoma para los días con sol y nubes, una nube para los días nubosos, una nube con una gota para los días que llueve pero poco, una nube con muchas gotas para los días de lluvia intensa, y una nube con copos de nieve para los días de nieve. Pídeles que te ayuden a confeccionar todos esos símbolos. Hazlos con cartulina o cartón duro, luego diles que los pinten y finalmente fórralos con plástico transparente autoadhesivo, para que duren más. Por las mañanas, después de desayunar, dedica 5 minutos a completar la tabla. Diles que miren por la ventana o que salgan a la terraza a observar qué día hace. Luego deben escoger el símbolo correspondiente y pegarlo en el recuadro apropiado. Aprovecha para repasar los conceptos: «¿Qué día es hoy? Muy bien, es lunes, el primer día de la semana. Y está nublado.» También pueden anotar si hace viento o no. Y la temperatura que marca el termómetro. Asimismo puedes fabricar letreros con los números del 1 al 31, y con los meses del año, para que vaya practicando. Para pegar los distintos símbolos puedes usar un poco de pasta adhesiva (tipo blue tack). Así podrán pegarlos y despegarlos tantas veces como quieran. Colócalo en un lugar visible de su habitación e introdúcelo en su rutina.

Variantes

✔ También puedes fabricar una tabla de fieltro. Recorta un rectángulo de fieltro, del color que prefiera el niño. Si eres manitas puedes coserle unas trabillas en la parte superior y pasar un bastón, para poderla colgar más cómodamente. Si no eres manitas o no dispones de tiempo, limítate a colgarla en la pared con unas chinchetas o un poco de goma adhesiva. Anota encima con rotuladores los días de la semana, de arriba abajo. Luego confecciona los símbolos (el sol, la nube, etc), también con un trozo de fieltro, y pega detrás un trozo de velcro, para que puedan pegarlos y despegarlos siempre que quieran.

17
El juego de las matrículas

Qué necesitas: coches aparcados o en movimiento.

Características básicas del juego:
- Es un juego de exterior
- Es un juego de observación
- No ensucia

Número de participantes: entre 1 y 5 niños

Duración: 15 – 30 minutos

Qué trabaja y aprende el niño:

A reconocer letras y números. A observar y a descubrir los muchos lugares y contextos en los que hay números y letras. A realizar prácticas aritméticas sencillas.

Explicación del juego:

Es un juego para realizar mientras vais andando por la calle o viajando en coche. Consiste en mirar las matrículas de otros coches con el fin de encontrar determinados números o letras. Empieza con las que conozca el niño o con las más fáciles de identificar. Pídele, por ejemplo, que busque y señale todas las matrículas en la que aparezca la inicial de su nombre o sus años. Debe contar las veces que encuentra dicha letra o dicho número durante el trayecto.

Variantes

✔ Pídele que localice los números del 1 al 10, por orden. O un número menor de cinco.

✔ Pídele que sume los números que aparecen en una misma matrícula. Por ejemplo, en la matrícula B-5556-KY deben realizar la operación $5 + 5 + 5 + 6 = 21$. O que resten el último del primero. O que localicen una matrícula cuyos números sumen 20.

✔ Pídeles que digan palabras que contengan las letras de una matrícula, o que empiecen con la misma letra que una matrícula determinada.

18
Los bits

Qué necesitas: tarjetas con fotografías del tema que vayas a trabajar.

Características básicas del juego:
- Es un juego de interior
- Es un juego de observación
- No ensucia

Número de participantes: sin límite

Duración: 5 – 15 minutos

Qué trabaja y aprende el niño:
Mejora la atención, facilita la concentración y estimula el cerebro, la memoria y el aprendizaje.

Explicación del juego:
Es un juego muy sencillo, tanto que incluso puede parecer absurdo. Pero resulta muy beneficioso para el niño y es una herramienta muy utilizada en la estimulación temprana. Un bit es cualquier dato simple que pueda almacenar el cerebro y que llegue a través de los sentidos. Lo primero que debes hacer es preparar los bits. Coge unas cuantas cartulinas pequeñas y pega en cada una de ellas una foto relacionada con el tema que vayas a trabajar. Así por ejemplo, si optas por edificios del mundo puedes seleccionar la Torre Eiffel de

París, el museo Guggenheim de Bilbao, la torre de Pisa, las pirámides de Gizeh, el Empire State Building de Nueva York, la Sagrada Familia de Barcelona, el Taj Mahal de Agra, etc. Si optas por animales puedes usar el ñu, el pelícano, el lince, la iguana, el búfalo, etc. Si optas por trabajar la generación del 27 las fotos de Federico García Lorca, Pedro Salinas, Vicente Aleixandre, Rafael Alberti, Miguel Hernández, etc.

Una vez confeccionados los bits, sienta a los niños delante de ti, de modo que puedan verte bien. Coge los bits. Explícales que vas a enseñarles unos bits. Muéstrales la primera imagen y di de qué se trata, por ejemplo: «la Torre Eiffel, de París». Luego pasa al siguiente bit o imagen: «el museo Guggenheim, de Bilbao». Sigue hasta acabar con toda la serie.

Variantes

✔ También puedes confeccionar bits con conceptos matemáticos; pueden aparecer los distintos números, un número determinado de puntos, etc.

19
Letras abstractas

Qué necesitas: papel pautado y lápiz

Características básicas del juego:
- Es un juego de interior
- Es un juego de caligrafía
- No ensucia

Número de participantes: sin límite

Duración: 5 – 15 minutos

Qué trabaja y aprende el niño:
A iniciarse en el mundo de la caligrafía y a reconocer las primeras grafías; a comprender que la escritura es una técnica y que puede aprenderla.

Explicación del juego:
Cuando te sientes a confeccionar la lista de la compra, dale a tu hijo una hoja de papel pautado y un lápiz, anímale a que se siente cerca de ti y sugiérele que escriba su propia lista de la compra. No es necesario que trace letras de verdad,

del mismo modo que sus primeros dibujos no tienen por qué mostrar objetos reales. Anímale a elaborar líneas de garabatos y poco a poco las irá transformando en líneas de letras. Observa sus garabatos y destaca los que parezcan letras de verdad, aunque las haya hecho por casualidad: «Mira, es una 'n' de verdad». Se sentirá muy orgulloso y es posible que la próxima vez que la vea la reconozca. Si siente que valoras sus «letras» y garabatos es muy posible que siga practicando.

Variantes

✔ El juego de los camareros: proponle jugar a los restaurantes. Explícale que él es el camarero y que debe tomar nota de lo que quieren los clientes. Dale una libretita y un lápiz y anímale a anotar lo que le pides con un garabato. Luego puede hacer de cocinero y prepararte la comida en la cocinita de juguete. Al final debe traerte la cuenta con otro garabato, para que le pagues por sus servicios.

1001 ideas para cuidar al bebé
Susan Benjamin

Ser padres es una aventura extraordinaria. Pero la falta de experiencia inunda a los progenitores de dudas y temores que muchas veces complican la maravillosa tarea de criar un hijo. Para responder a todas esas inquietudes la psicóloga Susan Benjamin recoge los temas que más preocupan a los padres y, apoyándose en los comentarios de expertos en la materia, desarrolla un libro que aporta soluciones prácticas y consejos clave en los primeros años del niño.

Ideas para divertir a los niños
Laura Bishop

Nadie pone en duda hoy en día que el juego infantil tiene un valor educativo muy importante. Tanto, que es un instrumento fundamental para que el niño desarrolle su imaginación y aprenda a descubrir el mundo que le rodea. Por ello es necesario que los adultos estimulen y participen de esa experiencia.

El juego es esencial en la infancia porque condiciona la adquisición de conocimientos y experiencias que determinarán buena parte de su futuro. A ello se debe añadir el componente social y de relaciones que el niño establece con su entorno.

Cómo educar hijos felices
Anne Chatelain

Este libro recoge un amplio abanico de problemas que pueden surgir desde la infancia, desde problemas familiares, pequeños problemas domésticos, problemas de relación con los demás, problemas escolares o comportamientos negativos. Y ofrece una serie de consejos que sin duda le servirán para que puedan emprender su propio camino y afronten la vida con total libertad.